仕事ができる

具体[illegible]象が、
ビジ[illegible]スを
10割解決する。

谷川祐基
（株）日本教育政策研究所 代表取締役

CCCメディアハウス

仕事ができる

具体と抽象が、ビジネスを10割解決する。

はじめに：9割の無反応と、1割の反論

「具体化と抽象化だけで、仕事の10割はうまくいきます」

私がこう言うと、反応は2種類しか返ってこない。

9割以上の人からは、「ポカンとした顔」が返ってくる。何を言われているのかよく分からない様子だ。「具体化」も「抽象化」も、なんだかよく分からない言葉なので当然かもしれない。

残りの1割弱の人、これらの人はたいてい、経営者やコンサルタントといったある程度「ビジネスが分かっている人たち」なのだが、これらの人からも決して賛同されない。しっかりと反論される。知人の経営者はこのように言う。

「いやいや谷川さん、具体化と抽象化は大切ですし、ビジネスマンとして必須の

スキルだと思いますけどね、仕事は決してそれだけじゃ完結しませんよ。もっと大切なものがたくさんあります。仕事への情熱、お客様との信頼関係、社内のコミュニケーション、などなど。そもそも１００％の成功が約束されている仕事なんてないんです。10割うまくいく方法なんてない。トライアンドエラーで道を切り開いていかなくちゃいけない」

このように、結局誰からも賛同されない私の主張だが、「ビジネスが分かっている人たち」の頭にある「具体化と抽象化」とは次のようなものだと思う。

たとえば、「売れている広告のキャッチコピー」をそのままマネしても、売れる広告ができるわけではない。商品や顧客層によって最適なキャッチコピーは変わるからだ。必要なのはその「売れているキャッチコピー」から「売れる本質」や「売れる法則」を導き出すことだ。この過程が「抽象化」である。

「売れる本質」や「売れる法則」が見つかったなら、今度はその「本質」や「法則」を自分の商品や顧客に向けて「具体化」することによって新しいキャッチコピーを作り出す。このように、「抽象化」と「具体化」を行うことで新しい「売れる広告」が生まれるのだ。

以上のような「具体化と抽象化」は非常に有用である。明らかに、社会人が身につけるべき必須のスキルの一つだ。

しかし、私が主張したい「具体化と抽象化」とはもっと大きなもので、単なる一つのスキルではなく、ビジネス全体、さらには社会全体から宇宙全体を覆い尽くすものである。

具体化と抽象化から生まれるのは「売れる広告」といった目先の問題解決だけでない。もっと大きなもの、先程の経営者の言葉で言えば、**仕事への情熱も、お客様との信頼関係も、社内のコミュニケーションも、すべて具体と抽象から生まれてくる**のだ。

私は今まで、「教育」と「ビジネス」の二軸に関して研究を行ってきた。そして「教育」から出発した研究によって**「学習や思考とは、具体と抽象の往復運動**

に他ならない」という結論を得て、これに関する本も書いた（もちろん、ここでの「学習」や「思考」とは、学校の勉強に留まらず仕事や社会人生活でも有用なものである）。

だがその後、様々な企業のコンサルティングをする中で、また今まで存在してきた様々な企業や組織の研究をする中で、私は新たな結論を得た。

ビジネスはすべて、具体と抽象によって記述される。

これは俄《にわか》には信じがたい主張だと思う。ビジネスの現場で苦闘する人からすればなおさらである。ビジネスがそんなに単純であるはずがないと思うだろう。実際、今まで10割（！）の人からは賛同を得られなかった。

これは、決して難しく複雑な話ではないが、5分や10分で説明しきれるほど小さな話でもない。なので、今回は丁寧に、順を追って説明していこうと思う。

「ビジネスすべて」とはとてつもなく大きな話だが、それでもこの192ページほどの本1冊に収めることができる。

「ビジネスすべて」という言葉が大きすぎてイメージが湧かないときのために、もう少し内容を細分化しよう。

本書では、「目の前の仕事でいかに成果を出すか?」ということから「組織内外のコミュニケーション」「経営理念の重要性」などをカバーすることになる。これらのことが「具体と抽象」というただ一軸だけで説明でき、問題が解決できる。

信じられないかもしれないが、とある出版社「ルネサンス書房」を舞台として説明していこう。

もくじ

第3章　組織のコミュニケーション：抽象度のリレー

第4章　問題解決：目的と手段の階層構造

第5章　経営理念の実用性

第１章

部下の憂鬱、
上司の叫喚

上司と部下のミスコミュニケーション

「面白ければなんでもいいからさ、早く面白い企画出してよ。企画が面白ければね、本は売れるんだよ」

ルネサンス書房書籍編集部の高木聡《さとし》は、いわゆる「情熱的な」タイプの編集者である。いや、「だった」と言うべきか。自身の熱意とフィーリングでビジネス書を作り、しばしばヒットを飛ばしてきた。上司と大げんかして企画を通したとか、著者の原稿を破り捨ててダメ出ししたとか、若い頃の伝説には事欠かない。

とはいえ、50歳の誕生日を過ぎ、編集長としての経歴も長くなった今となっては、随分と性格は落ち着き、以前のような無茶はしない。理論や組織といったものの重要性もよく分かってきた。それでもまだ、「考えるな、感じろ!」という言葉に共感するほうなのだが。

(その、面白い企画を出すやり方を教えてもらいたくてここに来たんだけどな……)

澤田匠海《たくみ》はこの春入社3年目を迎える。ベストセラーを連発することを夢見て出版社に就職し、無事に編集部に配属されたが、流石に現実は甘くない。1年目は言われた雑用をこなすだけで終わったし、担当本を持たされるようになった今も、ヒットが出る気配がない。

一応、編集長には部下を伸ばそうという気概があるのは感じている。けれどこの1年間、自分自身の成長はあまり感じられない。早いうちに転職したほうがいいのかも、とも考えはじめたこの頃である。

「サラリーマンの幸せの7割は、上司が握っている」

という言葉がある。

これはなかなか味わい深い言葉である。単純に、合わない上司のもとではどんな仕事をしていてもつらい。逆に、上司とソリが合えば楽しく仕事ができるだろう。会社がいやで退職した人や、心の健康を崩してしまった人も、その原因を突き詰めれば「上司と合わなかった」ということが多い。

楽しい、つらいといった気分の問題だけではない。優秀な上司とは、部下に適切な教育とフィードバックを行うから、部下はしっかりと成長する。そして上司自身が順調に昇進するので、その下にいる部下も自然と引き上げられ、出世しやすくなる。

逆に、無能な上司のもとでは、成長のチャンスが失われ、部下本人の能力と努力があっても出世の望みが薄くなる。

決して、上司が部下の幸せすべてを握っているわけではないが、日常の仕事やキャリアの大半に大きな影響を与えているのが「上司」という存在である。しかも、これを変えることは難しい。上司の人間性や考え方を変えることは不可能に近いし、他の人にすげ替えることもかなり難しい。

上司に有能さを感じられないうえに人間的にも合わないときは、部下は絶望すら感じるだろう。

しかし、部下から上司を眺めると絶望的になることがある一方で、上司からはまた違った視点がある。

とあるプロジェクトで、様々な経営者にヒアリングを行い「経営者の悩み」の事例を集めたことがある。このとき私が予想していた経営者の悩みとは「売上が上がらない」とか「資金繰りが大変」とか「理不尽な顧客に困っている」というものであった。

しかし、実際に経営者たちが語る悩みは驚くほど「部下」のことばかりだったのだ。「部下が言うことを聞かない」「部下が何を考えているか分からない」「部下のやる気を引き出す方法を知りたい」「経営理念が従業員に伝わらない」などなどである。

実は、上司はいつも部下について悩んでいるのだ。

サラリーマンの幸せの7割を上司が握っている一方で、上司の悩みの7割も部下のことである

と言ってよい。

上司は部下を簡単にすげ替えることができるかというとそうでもない。部下をクビにするのはいろいろな問題からかなり難しいし、新しく採用した部下が今の部下より優秀である保証もまったくない。優秀でソリが合う部下を選ぶことができるなら、最初から選んでいるわけだ。それができないから悩んでいる。

7割の部下が「上司ガチャ」に苦しんでいる一方で、7割の上司は「部下ガチャ」に苦しんでいる。

これが日本のあらゆる組織で起きている現象のようだが、ということは、日本人の7割が無能で上司にも部下にも向いていないということだろうか?

そういうわけではないだろう。世界が無能な部下や上司で溢れているわけでは

なくて、部下と上司の間のコミュニケーションに問題があるだけだ。

しかし、そのコミュニケーションの問題を解決する方法は「報連相」や「飲みニュケーション」ではない。「具体と抽象」なのだ。

第2章

あなたの
会社の組織図が
真の姿を
顕現する

ピラミッド型の組織図を90度回転させると

この本を読んでいるあなたは、何かしら「組織」で仕事をしていると思う。企業のサラリーマンであったり、公務員であるかもしれない。経営者であれば組織を率いて仕事をしていることだろう。

たとえフリーランスであっても、本当に一人で仕事が完結することはない。受注元と協力し、外注先をうまく使うことで初めて仕事が完結する。

「正社員」「アルバイト」「自営業」といった雇用形態に関係なく、仕事上、人は必ず組織の一部分を形成している。

ここで、あなたの属する組織の組織図を描いてみてもらいたい。

完全なものでなくていい。もしかして、あなたの会社には「株主総会」とか

「コンプライアンス委員会」とかいったあなたのよく知らない部署があるかもしれない。そういった、よく知らないものは無視して、あなたの知っている部分だけ図にしてもらえればよい。

よくある組織図は、次のような「ピラミッド型」のものだろう。

会社なら、いちばん上に社長がいて、その下に何人かの役員がいる。さらにその下に部長、課長と続き、底辺を多数の一般社員が支えている。

軍隊が発祥とされるのが、このピラミッド型組織（ヒエラルキー型組織）だ。指揮系統が単純で、トップの指令が組織全体に行き渡りやすいというメリットがある一方で、非常に不人気な組織の形でもある。

階層が多くなると指示に時間がかかるようになり、一般社員が持っている現場の情報が上部の階層にいる社長までなかなか伝わらない。特に、組織の多数を占める一般社員からすると、重たい上部を支えて苦しむうえに自由も利かないように感じられる。まさに、エジプトのピラミッドの最下段の石のようなつらさである。

ピラミッド型の組織図

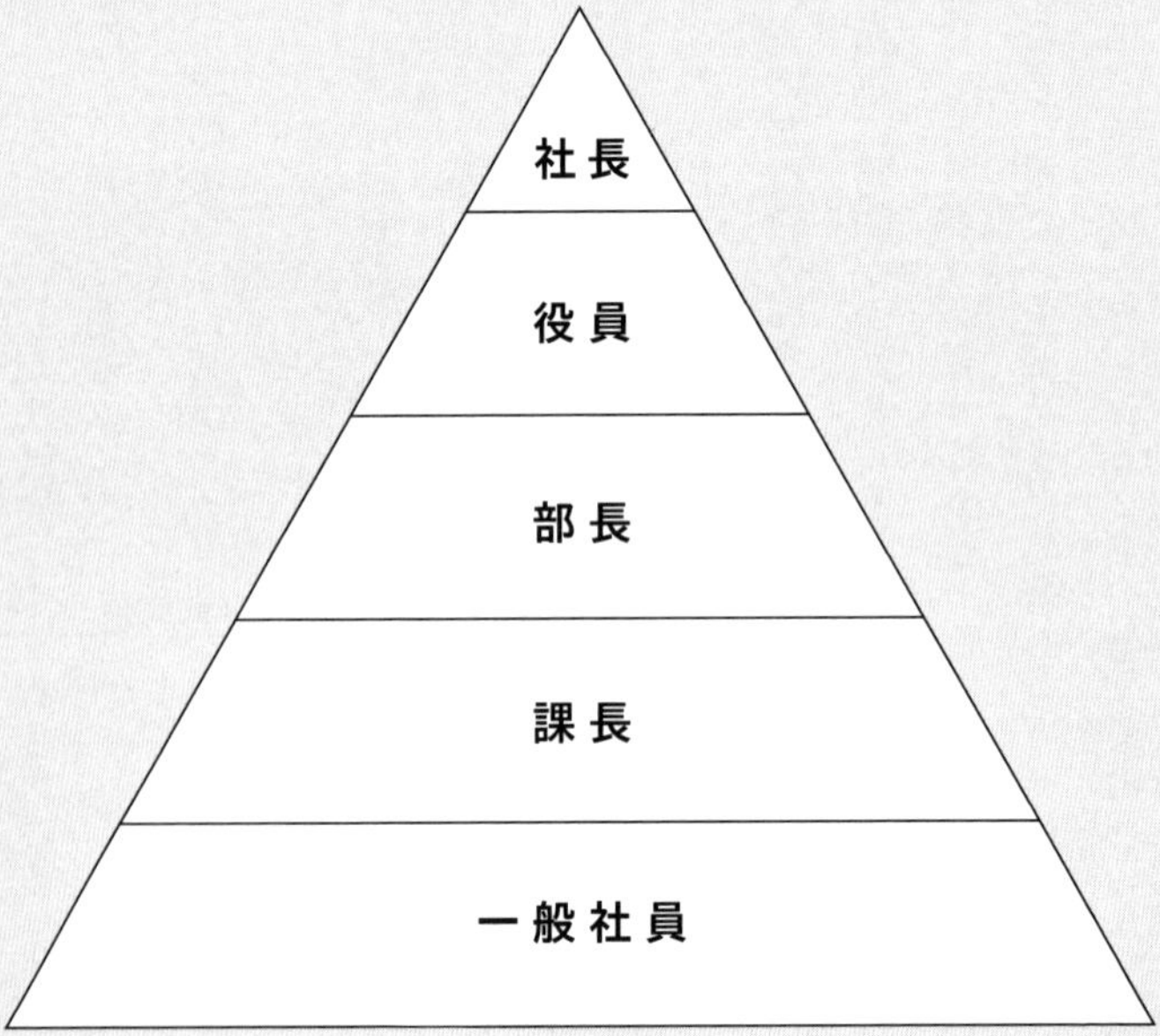

上の階層に上がろうとしても、ポストの数は上に行くほど少なくなるので出世競争は激化する。なかなか上に上がれない敗者が大量に生まれてしまう組織形態でもある。

結論から言えば、**上司と部下の不幸な関係を呼んでいるのはすべて、この組織内の「上下」関係という思い込みである。**

次にあなたにしてもらいたいのは、描いてみた組織図を90度右に回転してみることである。社長はいちばん上でなく、いちばん右に来る。底辺だった一般社員は左側に来る。あなたの上司は、あなたの上でなくて右にいる。そしていちばん重要なことだが、その図の右側に《抽象》と書き、左側に《具体》と書き加えてもらいたい。

これで、不人気であったピラミッド型組織は、本当の姿を表した。

人が組織を作る理由は、上下関係を作るためではない。

90度回転させた組織図

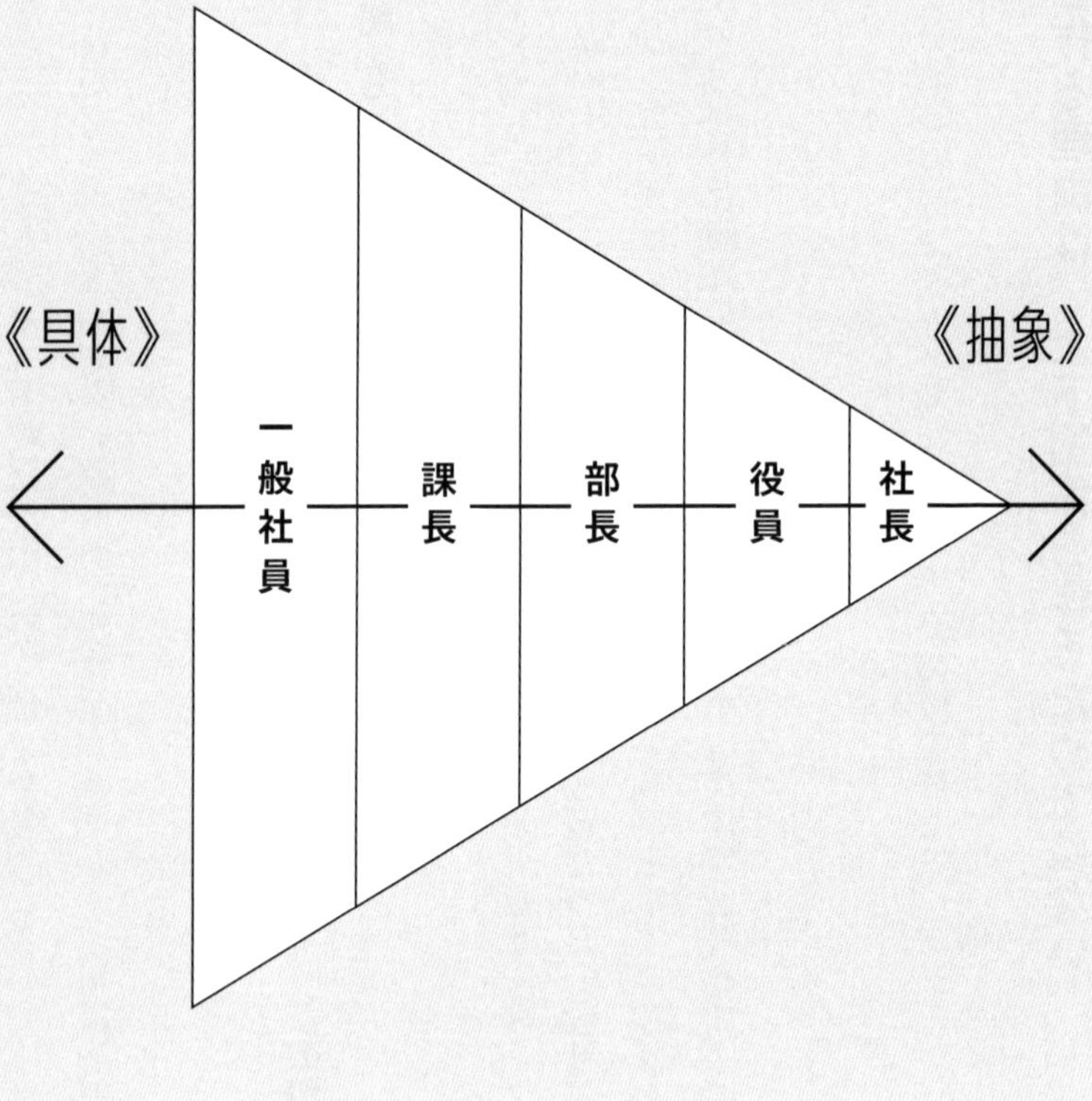

担当する抽象度を、《抽象》側から《具体》側まで役割分担するため

なのだ。

ここで少し、《具体》と《抽象》について整理しておこう。

特に《抽象》という言葉は、「その話は抽象的で分かりにくい」「現代美術は抽象的すぎて分かりにくい」というように、いつも「分かりにくい」とセットで使われるほど分かりにくい言葉である。

しかし、この《具体》と《抽象》について真の意味で理解することが、会社やビジネス全体を理解することの鍵なのである。

具体と抽象とは

《具体》と《抽象》について、教科書的な説明をしよう。

たとえば、「イヌ」という言葉がある。

イヌと聞いて思い浮かべるのはどんなイヌだろうか？

イヌにはブルドッグやチワワ、トイプードル、ゴールデン・レトリーバーなどいろんな種類がある。もしイヌと聞いて「チワワ」の姿を思い浮かべたなら、それは**「イヌ」から「チワワ」に情報を具体化した**ことになる。

さて、チワワにもいろいろいる。もしあなたがチワワを飼っていて、その名前がポチというとする。イヌと聞いてうちのポチを思い浮かべたならば、「イヌ」を具体化した**「チワワ」という情報をさらに「うちのポチ」に具体化した**ということになる。

チワワは日本国内だけで何万匹もいるが、うちのポチはその多数のチワワの中でただ1匹である。

このようにして、「イヌ」から「うちのポチ」まで思考を至らせるプロセスが「具体化」だが、「抽象化」とはその反対のプロセスのことだ。

「うちのポチ」というとただ1匹の特定の存在を指し示すことしかできない。しかし、**「チワワ」と呼んで抽象化すると、一気に何万匹もいるチワワを指し示すことができる。**

さらに**抽象化して「イヌ」と呼ぶと、指し示す範囲がもっと広がる。**ブルドッグやゴールデン・レトリーバー、その他のいろいろな犬種や雑種を含む（日本国内だけで）数百万匹のイヌを、「イヌ」というひとことで指し示したことになる。

さらに抽象化して「生物」と呼べば、イヌだけでなく、ネコや魚、人間など多くのものを含んでひとことで言い表すことができる。

「生物」のように、**ひとことで言い表せる範囲が広いほど「抽象的である」と**

具体と抽象

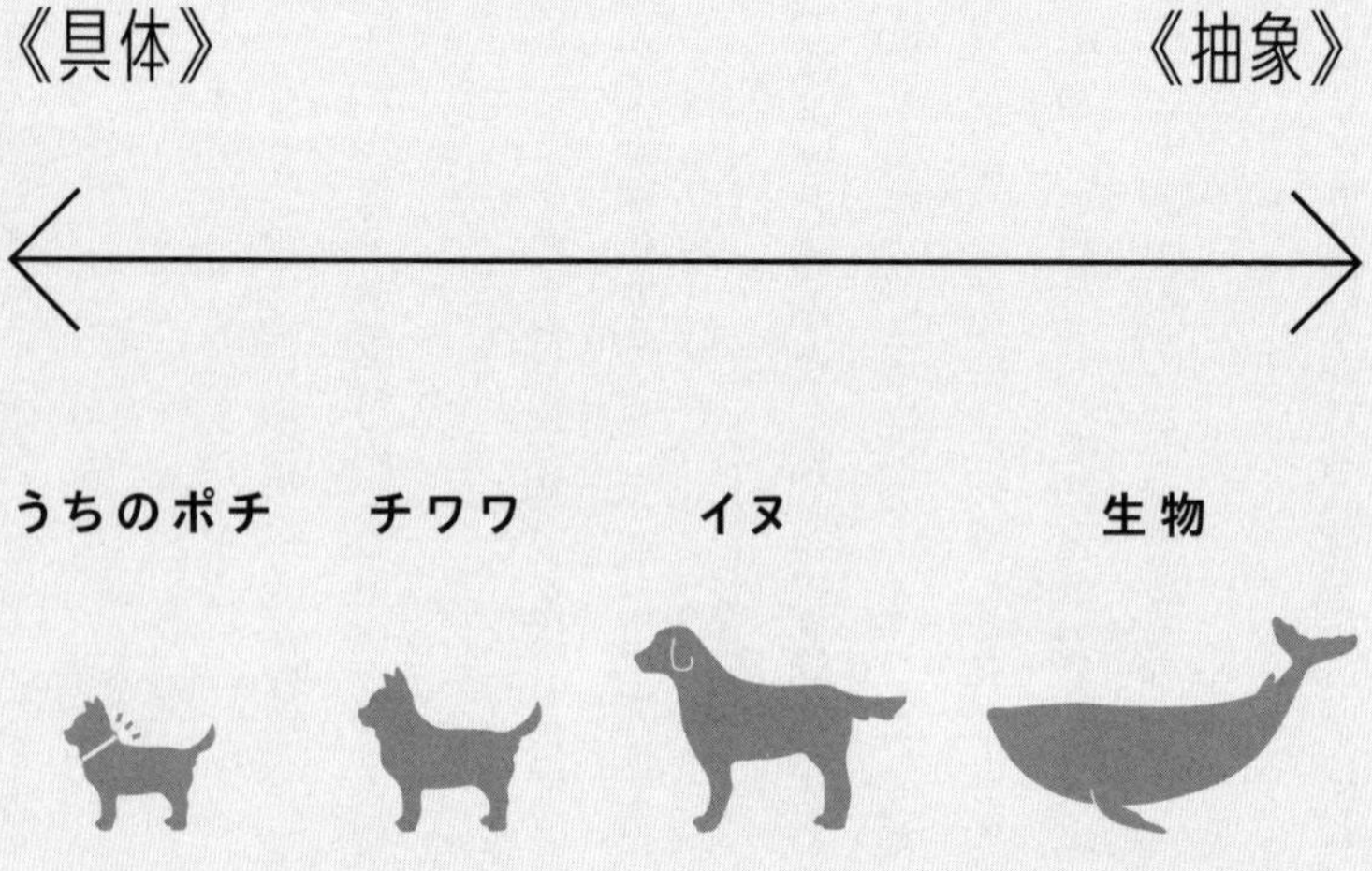

言い、「うちのポチ」のように**指し示す範囲が狭くて限定的なほど「具体的である」と言う。**

以上が《具体》と《抽象》の教科書的な説明だが、本書では《具体》と《抽象》が持つ意味を、もう少し拡張していきたい。**《具体》と《抽象》には、普段意識されない様々な性質があるから**だ。

まず、「うちのポチ」と「生物」という関係から分かる通り、

《具体》とは「個別的」であり、
《抽象》とは「全体的」である。

「うちのポチ」は世界でたった1匹のポチしか表さないが、「生物」はあらゆる生物全体を表す。

また、

《具体》とは「五感的」であり、
《抽象》とは「概念的」である

とも言える。

たとえば「チワワ」という言葉を聞くと、多くの人は明確なチワワの姿を思い浮かべることができるだろう。しかし、「生物」と聞いても視覚的にイメージすることは難しい。「生物」とは概念的な存在であって、五感で捉えるのは難しいのだ。

このように**具体的なものは五感で捉えやすいがゆえに「分かりやすい」と言われる一方、抽象的なものは五感で捉えにくいがゆえに「分かりにくい」とも言われる。**

もう一つ追加しておきたいのは

《具体》とは「実用的」であり、
《抽象》とは「本質的」である

という性質だ。

たとえば「奇数とは何ですか?」という質問に具体的に答えるならば、「奇数とは、3とか5とか7のことです」と答えることになる。この表現は間違っているわけではないし、非常に分かりやすい。ただし、「じゃあ105は奇数か偶数どちらですか?」という質問には答えられていない。「105は奇数です」と答えても、「マイナス21」はまだどちらか分からない。

具体的な答えに対し、「奇数とは、2で割ると1余る整数です」と本質的な理論を答えれば、「105」や「マイナス21」を含めてあらゆる奇数を表現できる。数学としては、こちらの抽象的な表現のほうが正解だ。

ただし、「2で割ると1余る整数です」と聞いてすぐにピンときた人はどのくらいいるだろうか? 多くの人は、「3とか5とか7のことです」と言われたほうがはるかに分かりやすい。

抽象的な理論とは本質的で汎用的であるものの、分かりにくく実用性に欠ける。一方、具体的な事例は分かりやすく使いやすいものの、汎用性に欠ける。

このように《具体》と《抽象》の性質を拡張したものが次の図である。

この図の中には、まだ本書では説明していない性質も含まれている。そして、この図に書かれていない《具体》と《抽象》の性質も、実はたくさんある。しかし、《具体》と《抽象》の説明はここまでにして、いったん先に進もう。この本を読んでいるあなたは、抽象的な理論より、具体的な解決策が欲しいと思っているに違いない。

あなたが抱えるビジネスや組織の問題を解決するためには、先程描いた90度回転させた組織図に、この具体と抽象を当てはめてもらいたいのだ。

3つの役職と抽象度

話を単純化するために、組織の役職を3つに分類しよう。

具体と抽象(拡張)

《具体》 ←→ 《抽象》

個別	⟷	全体
五感	⟷	概念
実用	⟷	本質
事例	⟷	理論
短期	⟷	長期
一面的	⟷	多面的
行動	⟷	企画
手段	⟷	目的
問題解決	⟷	問題設定

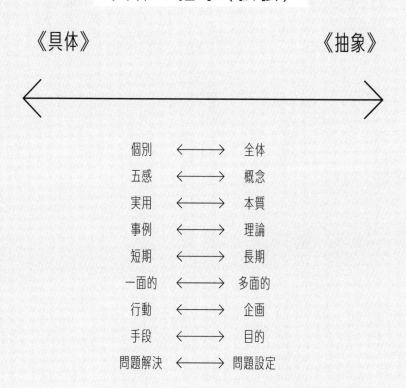

- プレイヤー
- マネージャー
- リーダー

の三分類だ。

「プレイヤー」とはいわゆる一般社員、平社員のことで、現場で実際に動いている人たちだ。たとえばお客さんをまわって営業していたり、工場で手を動かしてものを作っていたりする。

「マネージャー」とは要するに管理職のことで、会社で言えば課長や部長を指す。では、係長や主任についてはマネージャーに分類されるのか、それともプレイヤーなのか？　ということが気になる人がいるかもしれない。「うちの会社では、係長は管理職ではなく一般職扱いですがプレイヤーなのでしょうか？」とか「部下がいない課長はマネージャーに入るのでしょうか？」という具合だ。

しかし、ここでは明確な線引きはあまり気にしなくていい。２つの領域の中間にいる人、あるいは複数の領域に同時にいる人はたくさんいる。

「リーダー」とは組織のトップに立って他のみんなを引っ張っていく人だ。会社では社長やＣＥＯのような経営者がこれにあたる。国だったら、大統領や首相のことを指す。

ここでも、「社長と会長はどちらがリーダーなのですか?」というようなことはあまり気にしない。リーダーが複数人いる組織は存在するし、そもそも本当のリーダーがいない組織も、不幸だが存在する。

この単純化した「プレイヤー」「マネージャー」「リーダー」を、90度回転させた組織図に当てはめてみよう。すると、

左側に位置する「プレイヤー」ほど具体的な仕事を担当し、右側に位置する「リーダー」ほど抽象的な仕事を担当する

役職と抽象度の関係

《具体》 ←→ 《抽象》

	プレイヤー 一般社員	マネージャー 管理職	リーダー 経営者
責任を持つ場所	現場	部署	全体
責任を持つ時間	1日〜	1ヶ月〜1年	10年〜
役割	担当 実行 作業 …	収支 制度 組織 …	経営理念 組織文化 哲学 …

ことがよく分かる。

いちばん左側に位置する「プレイヤー」は、実際に「作業」をすることで価値を作り出す人だ。

責任を持つ範囲は比較的狭く、何か一部分に特化することが多い。営業の仕事であれば「担当はこの何人」とか、工場の仕事であれば「この製造ラインのこの部分」という具合だ。時間的な責任範囲は、1日から1ヶ月ぐらいの短期間であることが多い。

「プレイヤー」から少し右側に寄って「マネージャー」の領域になると、仕事は抽象的なことが増えてくる。

管理職は、売上と経費をコントロールして収支を管理するとか、ビジネスモデルを組み立てるとか、あるいは、多数の部下をまとめるための組織作りや制度作りをする、といった抽象的な仕事で価値を生み出す。

責任を持つ範囲は、プレイヤーより広くなり、「営業部全体」とか「経理課全体」というように、ある部署全体の面倒を見ることになる。時間的な責任範囲は長期間になり、1ヶ月～1年ぐらいで責任を持つことが多い。
あなたの組織に時給の課長や日雇いの部長はいないと思うが、その理由は、責任を持つ時間軸の長さのせいである。ほぼすべての管理職は、月給か年俸で働いているはずだ。

「マネージャー」からもっと右側に移動すると、社長や経営者などの「リーダー」の領域だ。この領域では、価値を生む仕事はさらに抽象的になる。会社の向かう方向性を決める経営理念を考え、組織を支える文化や哲学を生み出すのがリーダーの仕事だ。

リーダーの責任範囲はもちろん組織全体で、もし会社の部署間で利害が対立して協力が進まなかったりしたら、そこを調整しみんなを納得させるのが経営者の役割になる。リーダーが考えるべき時間軸は、マネージャーよりさらに長期間になる。組織の向かう方向性が1ヶ月ごとに変わってはドタバタしすぎでついていけない。おそらく1年ぐらいが最小単位で、できれば10年以上の先を見据えて経営理念を打ち立てたい。

あなたの組織が階層構造になっている理由は、上の階層の人が下の階層の人に命令するためではない。考えるべき抽象度を、具体から抽象まで役割分担するためなのだ。

この組織の構造を理解すると、上司と部下のコミュニケーションは劇的に改善する。「飲みニュケーション」とか「世代間ギャップの解消」とか「共通の趣味」とかは必要ない。**《具体》と《抽象》に注目するだけですべての問題が解決されるから**だ。

第3章

組織のコミュニケーション：抽象度のリレー

部下の仕事は、「上司の指示に従うこと」ではない

喫煙室には張り紙があった。今年度限りで喫煙室は廃止され、オフィスは全面禁煙になるらしい。

（そろそろタバコもやめろってことか）

高木聡は、若き日の、昭和の香りがするオフィスを思い出していた。当時の編集部には、大きく重いガラスの灰皿が置いてあった。当たり前のようにモクモクしており、タバコがないと仕事にならないと公言する人はたくさんいた。オフィスに灰皿があるのは当たり前であったのだ。

そして、あの灰皿にはもう一つ使い道があった。上司が、仕事ができない部下を殴りつけるためである。

あの時代がよいとは決して思わない。高木は、むしろあの時代の上司を反面教師としてきた。なるべく部下の自主性を尊重し、叱るより褒めることを優先させて部下に接している。

しかし、動かない部下やできない部下をいざ目の前にすると、褒めて伸ばす方式の限界も感じる。もう少し強権的な育成も必要なのだろうか……。

さて、上司と部下がいた場合、部下の仕事とは何だろうか？

一般に広まっている考えは「部下の仕事は、上司の指示に従うことである」というものである。しかしこの考えは、はっきりと間違いである。もっとも、私が

「部下の仕事は、上司の指示に従うことではありません」と言うと、必ず反論が来る。

「確かにね、上意下達の関係が、理想の部下と上司の関係ではないですよ。でも、上司と部下が友達のような関係だったり、部下が反抗していたりしたら仕事はまわらない。多少不満があったとしても、部下が上司の指示通り行動しないと組織は崩壊してしまいますよ」

その通りである。部下が行動しなかったり、上司の指示と違うことをしだしたら組織は崩壊する。

それでも私は「部下の仕事は、上司の指示に従うことではない」と断言する。

では、本当の部下の仕事とは何かというと、ここで先程の90度回転させた組織図を思い出してもらいたい。基本的に、上司は抽象側を担当し、部下は具体側を担当する。

部下の本当の仕事は、「上司の指示を具体化すること」である。

これは、わずかな言葉の差のように見えるが、何が違うのだろうか？　実は、このわずかな言葉の差が、決定的な結果の差を生み出すのである。

まず、「部下が上司の指示に従う世界」でどんなことが起こっているか見てみよう。

第一に、**この世界では「指示待ち人間」が増える。**

「指示待ち人間」とは、自発的に動かず、上司の指示がないと行動できない人間のことだが、指示に従うように教育されているので当然である。これをなんとかしようと「指示待ち人間になるな！」という「指示」を出しても、当然解消しない。

さらに深刻な問題が、**必要以上に高圧的な上司が増える**ことだ。

「部下の仕事は、上司の指示に従うことである」という言葉を反対側の上司から見ると、「上司の仕事は、部下を指示に従わせることである」となる。部下が指示通りに動かないと、仕事にならないのだ。

いざ指示通りに動かない部下がいたらどうするのかというと、アメとムチを使うしかない。とはいえ中間管理職の権限では「これやったらボーナス出すよ！」とか「これをやったら昇進だよ！」というようなアメはなかなか出せない。必然的にムチを使う。声を張り上げ、権力をちらつかせ、お尻を叩いて部下を従わせようとする。他に手段がないのだ。

パワハラ好きでマウントをとることに喜びを感じる上司だけが高圧的になるのではない。この世界では、善良で職務に忠実なだけの上司も高圧的になっていくのだ。

部下からしても、これはつらい世界である。なぜなら、**自分の仕事を変えるには、上司の指示を変える必要がある。**やりたいことをやるためには上司の指示を変えなければいけないわけだが、よく言われる通り、他人は変えられない。変えられるのは自分だけである。上司の指示を変えられない以上、淡々とやりたく

「部下が上司の指示に従う」世界

- 「指示待ち人間」が増える
- 必要以上に高圧的な上司が増える
- 部下が仕事を変えるには、
  上司の指示を変えなければならない

↓

部下も上司も幸せにならない

ない仕事を続けなければならない。

このように、「部下が上司の指示に従う世界」では、指示待ち人間が増えて仕事が進まず、上司はいつも部下を怒鳴りつけ、部下はやりたくない仕事をいやいやする。部下も上司も幸せになっていない。つまり、この世界は間違っているのだ。

では次に、真実の世界、「部下が上司の指示を具体化する世界」では何が起こるのかを見ていこう。

部下の仕事は、「上司の指示を具体化すること」である

高木「この本はイラスト使うからさ、ちょっと見積もりとってよ」
澤田「あ、はい。分かりました。イラストレーターは誰に依頼しますか？」
高木「お任せするよ。あ、でも相見積もりとりたいから、3人ぐらい声をかけといてよ」
澤田（うーん、とりあえず先月お願いした粟島さんに声をかけるか……）

澤田「粟島さん！　今月もお願いします！　イラストを描いて欲しいので、見積もりをください！」
粟島「あ、はい。分かりました。何点ぐらいのイラストですか？」
澤田「あ、ちょっと確認しておきます」
粟島「それで、納期はいつでしょう？」
澤田「あ、それも確認しておきますね」
粟島「……。対象読者は男性でしょうか？　女性でしょうか？」
澤田「あ、それも編集長に聞いてみます！」
粟島「……」

さて、果たして澤田君は仕事をしているのだろうか？　少し社会人経験を積んだ人なら、「否」と答えるに違いない。しかし、もし部下の仕事の定義が「上司の指示に従う」ことであれば、澤田君は確かに編集長の指示に従って行動している。

何が足りなかったのだろうか?

この場合、**足りなかったのは具体化である。**

「イラストの見積もりをとって」という上司の指示に対し、「イラストレーターは誰を使うのか?」「納期はいつか?」「予算はいくらか?」「イラストは何点か?」「何のイラストが必要なのか?」「読者ターゲットは誰か?」などの**要件を具体化してから**イラストレーターに話を持っていく必要があった。その具体化を怠ったため、澤田君の仕事は出戻りになってしまったのだ。

この例に限らず、基本的に、

「仕事とは、上司の指示を具体化すること」

である。

フリーランスであったり、自分が社長である場合は特に上司がいないが、その場合は、

「仕事とは、お客さんの要望を具体化すること」

と読み替えるとよい。

この粟島氏はフリーランスのイラストレーターであって上司がいないが、ルネサンス書房という出版社がお客さんである。

お客さんの要望は、しばしば具体性に欠ける。「かっこいいイラストを描いてください！」という抽象的な要望に対し、「誰にとってかっこいいイラストなのか？」「何点必要なのか？」「画材や納品形式は何が望ましいのか？」などと要望を具体化し、適切なイラストとして具現化させるのがプロの仕事である。

コラム：具体化の方法　４Ｗ１Ｈ

「具体化をしたいときは、具体的にどうすればよいのですか？」という質問をよくいただくが、具体化にはいわゆる5W1H（Why／When／Where／Who／What／How）のうち、Whyを除いた4W1Hを使うのが便利だ。

5W1Hとはかなり有名なフレームワークだが、なぜ有用なのか説明される機会は少ない。

5W1Hが有用な理由は、これだけでほぼヌケモレなく、ダブりなく、具体化と抽象化を行うことができるからである。

ポイントは、5W1HのうちWhyだけが抽象化の質問で、残りの4W1Hはすべて具体化方向の質問であることだ。

4W1Hを使うことで、具体化についてはほぼヌケモレなくダブりなく完璧に行うことができる。

イラストの発注を例にとれば、以下のようになる。

When?（いつ?）：依頼タイミングは？　納期は？

Where?（どこで?）：どの本の何ページ目で使う?

Who?（誰が?）：誰に依頼する?　誰をターゲットにする?

What?（何を?）：どの本のイラスト?　何のイラスト?

How to（どうやって?）：納品形式は?

How much / many（どのくらい?）：何点?　予算はいくら?

H（How）に関しては、「How to（どうやって?）」と「How much / many」に分類して、「1H」でなく「2H」と表現することもあるが、どちらでも使いやすいほうでよい。

実のところ、私は編集者やイラストレーターであったことはなく「イラストの発注」という仕事をしたこともない。この仕事に関しては素人であると言える。

しかし、素人であっても、この4W1Hを使うことでかなり上手に発注できることが分かるだろう。これがフレームワークの便利さであり、具体化の力である。

部下の仕事は、上司の指示の具体化である。**上司が抽象側、部下が具体側を担当しているという対等な役割分担なのだ。**

上司と部下の関係は、漢字に「上」と「下」が入っているものの、決して上下の関係ではない。この世界では、部下がへりくだる理由も上司が高圧的になる理由もなくなる。部下も上司もストレスフリーになるわけだ。

そして、この世界のメリットは、人間関係のストレスが減るだけではない。仕事の質と量が明確になり、実際に結果を出しやすくなるのだ。次はこの点を解説しよう。

抽象度の移動が仕事の成果を左右する

「部下の仕事とは、上司の指示の具体化である」

このように定義することのメリットは、上司と部下を対等な関係として捉えられることだけではない。もう一つの大きなメリットが、

あらゆる仕事の成果を明確に測定できる

ことだ。

イラスト発注の場合、上司の抽象的な指示を具体化してイラストレーター（外注業者）にもっていくことが仕事である。読者ターゲット、納期、点数などを適切に具体化すれば「いい仕事をした」と言える。

逆にまったく具体化を行わず「イラストを発注して」という指示をそのままイラストレーターに伝えるだけでは仕事になっていない。これがいわゆる「子どものお使い」「ただの伝令」と言われる状態である。

編集者が「子どものお使い」であっても、外注先のイラストレーターが上手に

やってくれれば、クオリティの高いイラストが納品されるかもしれない。結果だけ見れば大きな差はないこともあるが、しっかり具体化を行った編集者と「ただの伝令」が行った仕事には大きな違いがある。

つまり、

仕事の成果とは、移動した抽象度である。

もし上司がもっと抽象的な指示、たとえば「面白い本を作ってよ」という指示から、企画を立て、著者を見つけ、イラストを発注して面白い本を作ることができたなら、「イラストの発注」より多くの仕事をこなしたと言える。

仕事をたくさんする人とは、残業をたくさんする人のことではない。仕事をたくさんする人とは、抽象度をたくさん移動する人のことなのだ。

仕事の成果を測定するというのは難しい。「売上高」のような結果に注目するのは分かりやすいが、実のところ、行った仕事と結果は必ずしも連動していない。

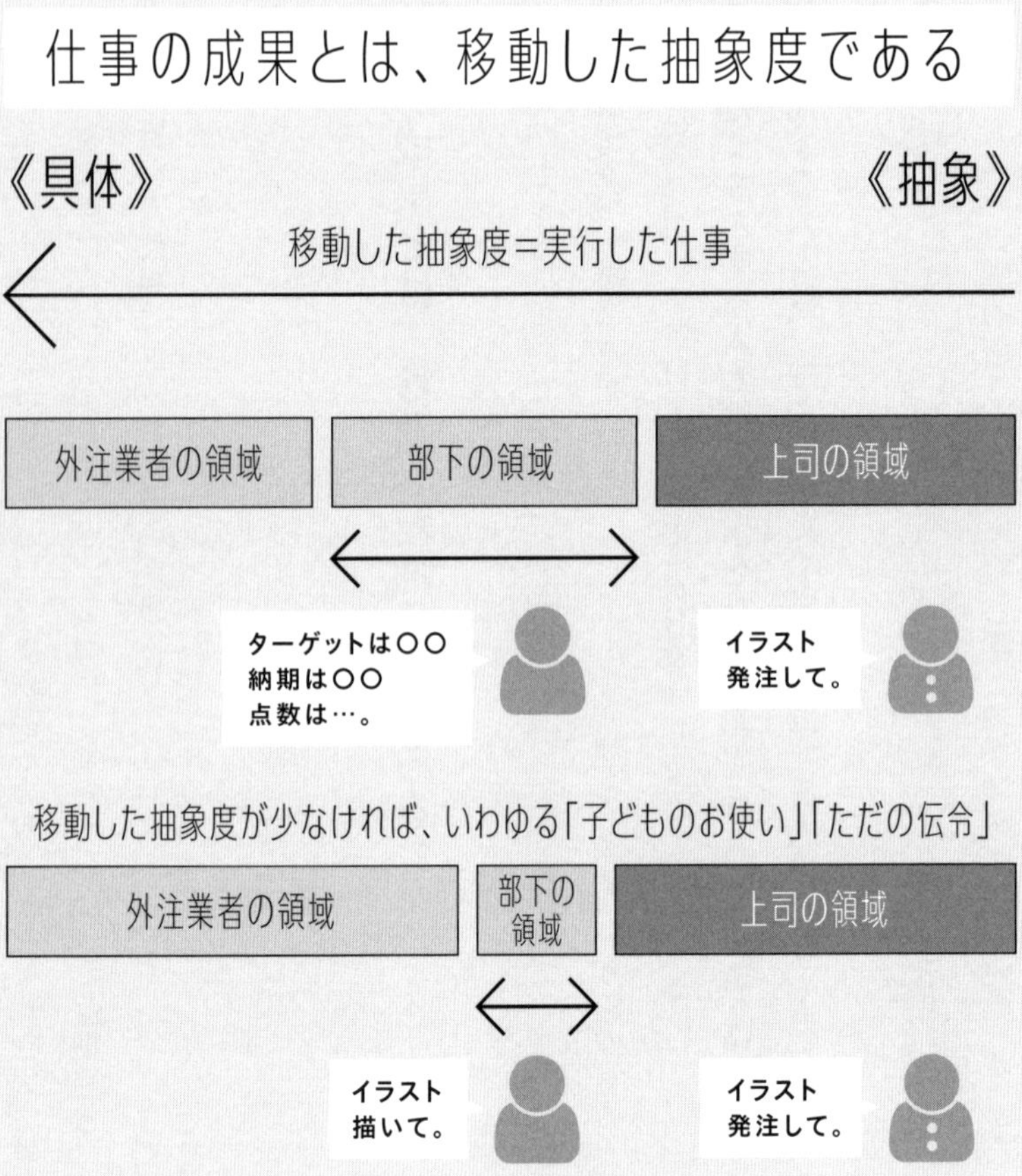
仕事の成果とは、移動した抽象度である
《具体》
《抽象》
移動した抽象度=実行した仕事
外注業者の領域
部下の領域
上司の領域
ターゲットは○○
納期は○○
点数は…。
イラスト
発注して。
移動した抽象度が少なければ、いわゆる「子どものお使い」「ただの伝令」
外注業者の領域
部下の領域
上司の領域
イラスト
描いて。
イラスト
発注して。

仮に出版した本の売上がよかったとして、それは編集者の成果なのか？　営業の成果なのか？　広告宣伝の成果なのか？　それとも単に運がよかっただけなのか？　その判別は難しい。経理や総務の仕事だと、そもそも分かりやすく成果が業績に現れないだろう。

かといって「熱意」や「能力」といった過程に注目しても、主観的な評価になってしまいよく分からなくなることが多い。

そのため日本の企業では、消去法的に「労働時間」や「勤続年数」に偏った評価をしてしまいがちなのだが、もちろんこれら「労働時間」も合理的な指標とは言えない。

「移動した抽象度」に注目することで、部下本人の主観的な行動や思考を、客観的に判定できるようになるわけだ。

裁量の幅、選択肢の幅をクリアにするには

「部下が上司の仕事を具体化する世界」のメリットはもう一つある。それは、

部下の裁量の幅、選択肢の幅が明確になる

ことだ。

「イラストの見積もりをとる」という仕事の場合、具体化しなければならない事項はたくさんある。「イラストレーターは誰を使うのか？」「納期はいつか？」「予算はいくらか？」「イラストは何点か？」「何のイラストが必要なのか？」「読者ターゲットは誰か？」などだ。

これらの事項の中には、決まっているものと決まっていないものがあり、答え

を上司が知っているものと知らないものがあるだろう。

予算はあらかじめ決まっていて、上司に聞けば答えてくれるのかもしれない。納期については事実上決まっているが上司も詳しく知らず、印刷所に問い合わせないと分からないかもしれない。

このように、すでに決まっている事項に関しては適切な情報源から情報を集めて確定させる必要がある。

まだ決まっていない事項については、誰かが決めなければならない。イラストの内容や点数はまだ決まっていなくて、早急に上司に決めてもらう必要があるかもしれない。


こうしていろいろな事項を具体化しているうちに、「イラストレーターは誰を使うのか？」という事項については部下が自由に決めてよいことが発覚する。部下の裁量の幅、選択肢の幅がはっきりしたのだ。

世の中には、裁量の幅が大きいことに喜びを感じる人と、逆に負担を感じる人がいる。裁量の幅が大きいということは、自分のクリエイティビティを発揮でき、

裁量の幅、選択肢の幅

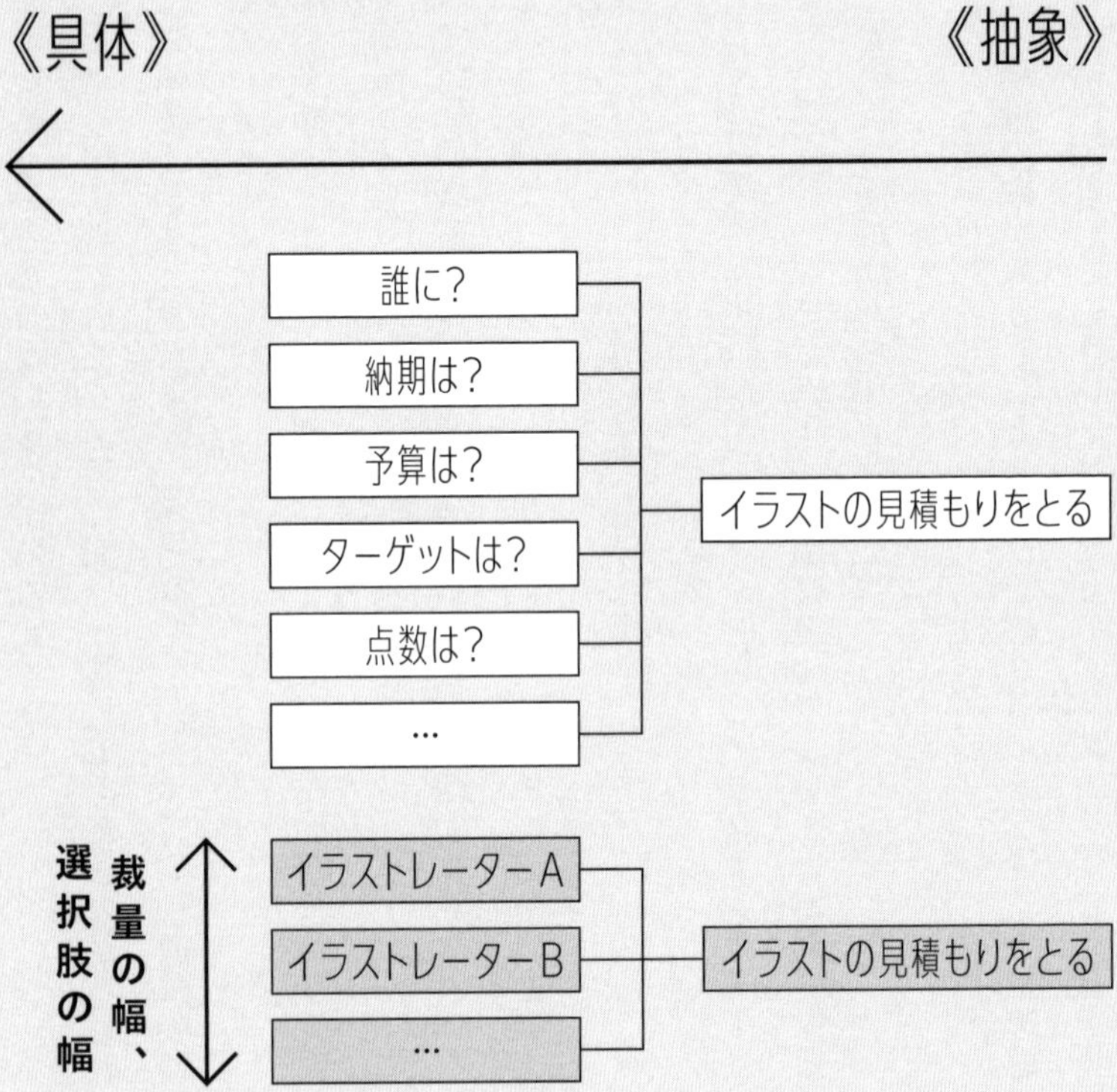
《具体》
《抽象》
誰に?
納期は?
予算は?
ターゲットは?
点数は?
…
イラストの見積もりをとる
裁量の幅、
選択肢の幅
イラストレーターA
イラストレーターB
…
イラストの見積もりをとる

仕事の達成感も大きくなりやすい。しかし逆に裁量の幅が小さいということは、言われたことをよく考えずに実行するだけでよく、すばやく仕事が進み自分の責任も小さくなるというメリットがある。

どちらのタイプがいいというわけではないが、いずれにしろ、仕事上の「裁量の幅」は明確にされるべきだ。

今の仕事の裁量の幅が小さいと思って不満を持っていても、具体化して精査すると思いの外その幅が大きいことがある。

澤田君の仕事の場合、もしかしてイラストレーターの選択は完全に自由で、たとえば業界トップのクリエイターや人気漫画家に依頼することもできるのかもしれない。イラストの発注は決してお使いではなく、イラストレーターをうまく選択すると、業界史に残るような作品を作り上げたり、自分のキャリアの大きな糧になったりするかもしれないのだ。

この裁量の幅に気がつくと、上司の言動を変えなくても自分の仕事を大きく変えることができる。**自分の仕事を変えるのに、他人を変える必要はない**のだ。

対等な関係：「部下が上司の指示を具体化する世界」

このように、「部下が上司の指示を具体化する」世界では、あくまで**部下と上司は対等**である。

上司が威張り散らしたり部下がヘコヘコする必要がない。それでいて、(指示が適切であるならば) **部下は上司の指示範囲内での仕事をするのでもちろん組織全体にも貢献している**はずである。組織が壊れる心配もない。

この世界では、仕事の成果は「移動した抽象度」として明確化されているので、**仕事の評価は客観的に測定できる。**さらに部下に委任された仕事の裁量の幅が明確になるので、**部下はクリエイティビティを発揮しやすく成長すべき方向も分かりやすい。**

「部下が上司の指示を具体化する世界」

- 部下と上司は、具体と抽象の役割分担を行っているという点で、対等である。
- 仕事の成果が明確に測定できる。
- 委任された「裁量の幅」が明らかになる。

↓

仕事は進み、部下は成長する

まとめると、

「部下が上司の指示を具体化する世界」とは、組織としての仕事が進む上に部下も成長できる世界

なのである。誰も幸せにならない「部下が上司の指示に従う世界」とは大きく違う世界である。

抽象度のリレー：マネジメント

高木「面白ければなんでもいいからさ、早く面白い企画出してよ。企画が面白ければね、本は売れるんだよ。俺の経験上、絶対そうなんだよ！」

澤田「えーと、それはそうなんでしょうけど、面白い企画というのが漠然としていてどうすればいいかいまいち分からないんですよ……」

高木「企画っていうのは、たとえばね、最近うちの会社で伸びているのが20代女性向けのビジネス書なんだけどね、澤田君は男性だから女性の気持ちが分からないわけじゃないか。だから20代女性の仕事の悩みについてたくさんインタビューしてくるんだよ。よし！　まずは10人だな。10人の20代女性にインタビューして報告書にまとめてくれよ。報告書の書式は俺が若い頃使っていたのがあるんだけどね……」

さて、これまではどちらかというと「部下」からの視点で仕事を見てきたが、次は「上司」からの視点で部下と仕事を見てみよう。

ここでの「上司」とは、いわゆる中間管理職のことで、90度回転させた組織図では「マネージャー」にあたる人のことである。

マネージャーの仕事はもちろん「マネジメント」であるが、その「マネジメント」とはつまり何のことかというと諸説ある。一般的には、「資源や組織を管理し最適化すること」というような説明がされるが、分かりにくいのでもっと簡潔に言い切ろう。

マネージャーの仕事、つまり

マネジメントとは、「抽象度のリレーを適切に行うこと」

である。

組織図を90度回転して示したように、「上司の仕事の領域」は必ず「部下の仕事の領域」より抽象側にある。抽象とは、より全体的でより長期的であることだ。

そして「部下の領域」はより具体側にある。

マネジメントがうまくいかないとき、つまり上司と部下のコミュニケーションが失敗するときは、必ず「抽象度のリレー」に失敗しているときなのだ。

たとえば上司が「何か面白い企画を出してよ」と指示を出しても、部下が何をしたらいいか分からないという場合、そこには抽象度の断絶があることを意味する。**コミュニケーションに抽象度の空白がある**のだ。上司の指示が抽象的すぎて、部下に届いていないのだ。

この場合、部下に手渡す際には「面白い企画とは具体的に何なのか?」「誰が面白いと感じる企画ならよいのか?」「面白い企画を立てるには、どのような手順を踏めばよいのか?」などを具体化する必要があるだろう。

指示が抽象的すぎて困るなら、とにかく具体的にすればよいかというとそうとも限らない。**「上司の領域」が具体方向に大きくなり、「部下の領域」に覆いかぶさってしまうと、マイクロマネジメントが引き起こされる。**

マイクロマネジメントとは、部下の細かい行動をいちいちチェックして過干渉することである。言葉の使い方、電話のかけ方、お辞儀の角度まで細かく部下に

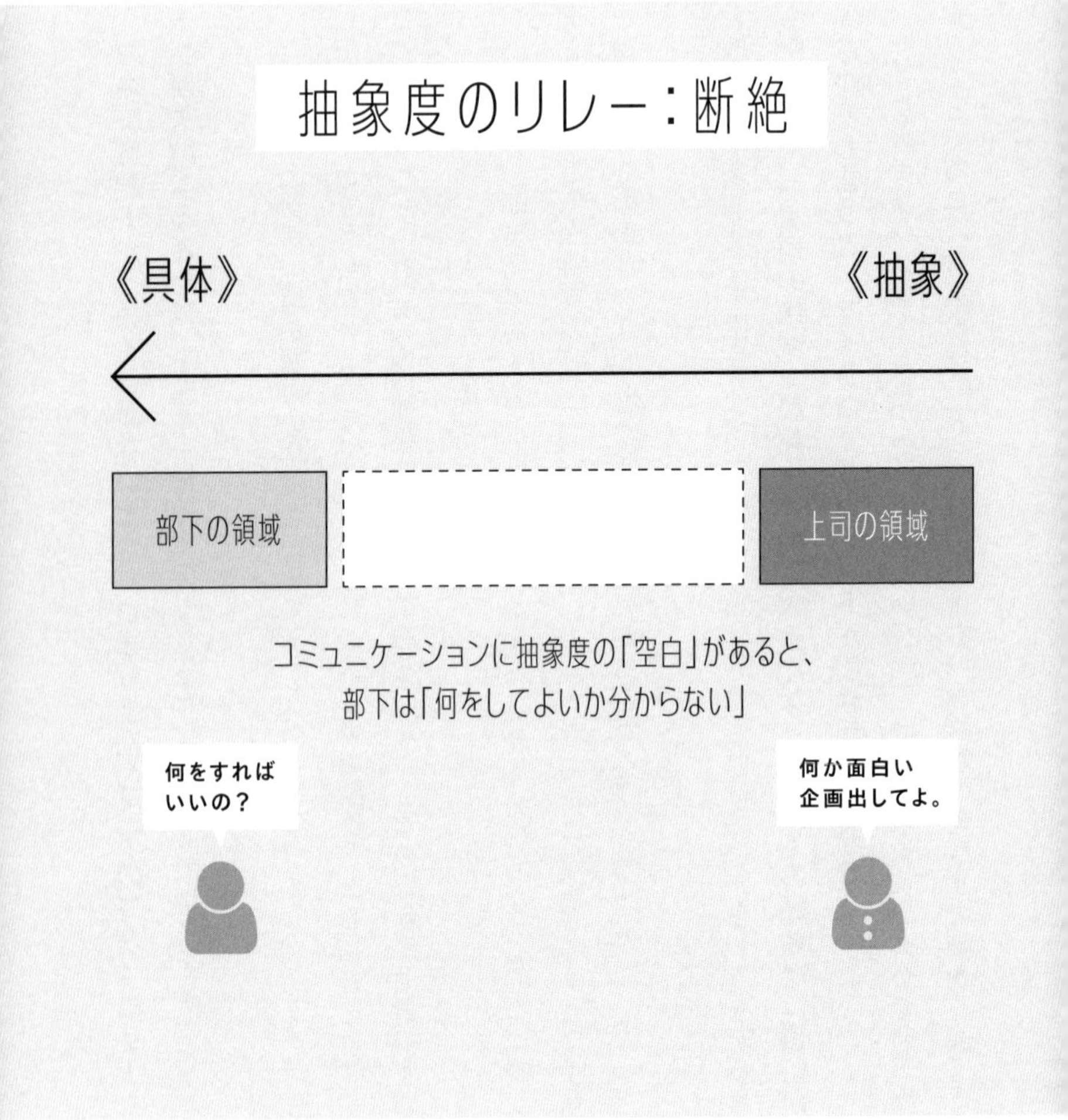
抽象度のリレー：断絶
《具体》
《抽象》
部下の領域
上司の領域
コミュニケーションに抽象度の「空白」があると、
部下は「何をしてよいか分からない」
何をすれば
いいの？
何か面白い
企画出してよ。

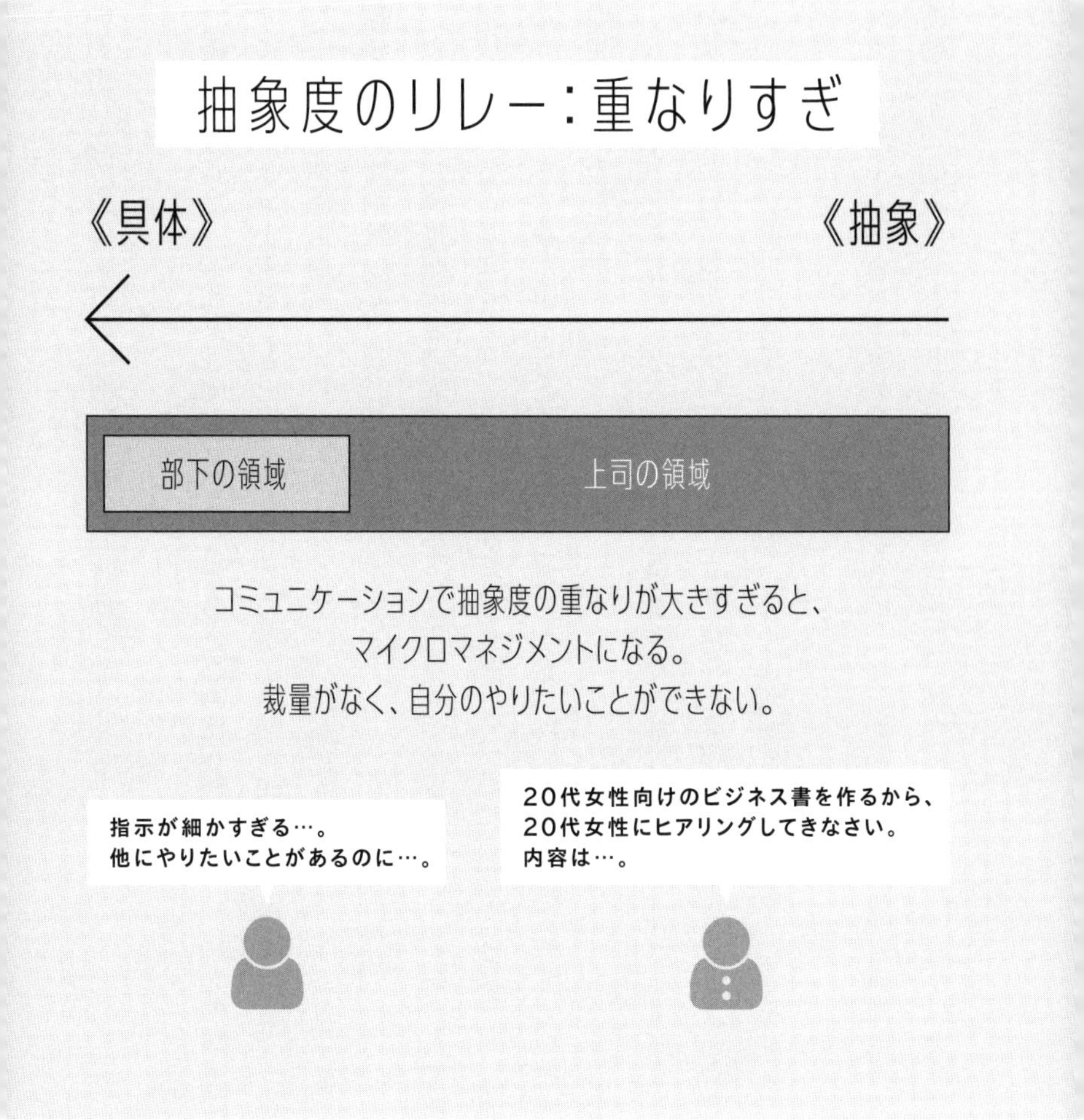
抽象度のリレー：重なりすぎ
《具体》
《抽象》
部下の領域
上司の領域
コミュニケーションで抽象度の重なりが大きすぎると、
マイクロマネジメントになる。
裁量がなく、自分のやりたいことができない。
指示が細かすぎる…。
他にやりたいことがあるのに…。
20代女性向けのビジネス書を作るから、
20代女性にヒアリングしてきなさい。
内容は…。

ダメ出しして指導すると、部下は萎縮し行動しなくなる。

高木編集長は、20代女性向けビジネス書の企画の作り方として、10人の想定読者にインタビューすることを指示した。この指示は別に間違っていないし、一般的にはマイクロマネジメントとまでは言えない。しかしそれでも、部下の裁量を奪い、可能性を潰していることには変わりない。

たとえば、実は澤田君の大学の同級生の20代女性が起業していて、その人に執筆依頼できるとしたらどうだろう？　なかなか面白い企画になりそうである。「そんなツテがあるなら早く言え！」となるだろうが、指示が具体的すぎて言い出す隙間がなかったのだ。

もちろん、どちらのやり方でビジネス書を作ったほうが面白く売れる本になるかは分からない。しかしながら、具体的すぎる指示は部下に「細かすぎる」「やりたいことができない」と感じさせ、実際に多くの可能性を潰すことになる。

上司と部下のミスコミュニケーションとは、ほとんどすべての場合「抽象度の断絶」か「抽象度の重なりすぎ」のどちらかだ。抽象度に空白があり、伝えたい

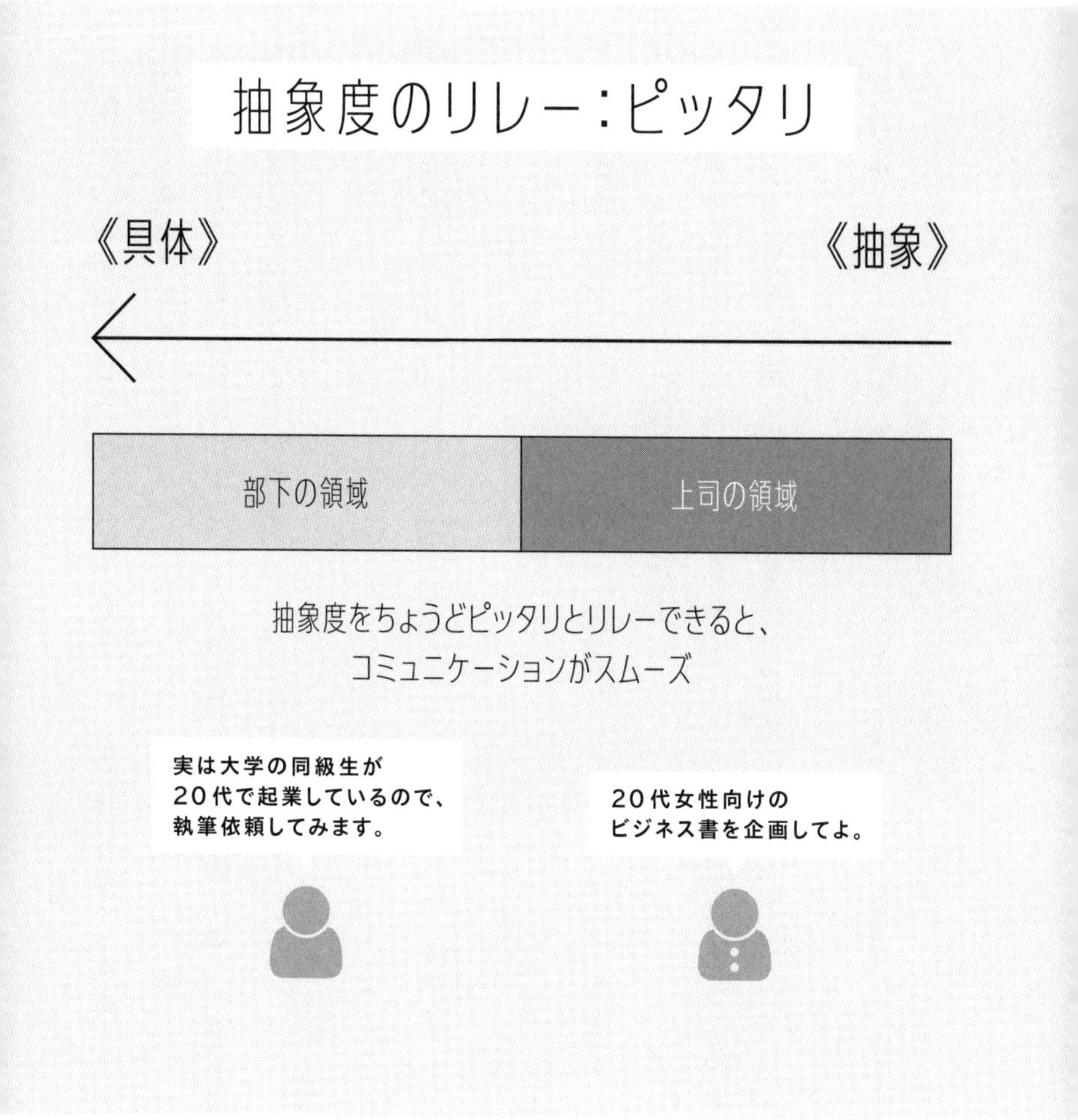
抽象度のリレー：ピッタリ
《具体》
《抽象》
部下の領域
上司の領域
抽象度をちょうどピッタリとリレーできると、
コミュニケーションがスムーズ
実は大学の同級生が
20代で起業しているので、
執筆依頼してみます。
20代女性向けの
ビジネス書を企画してよ。

ことが伝わっていない。あるいは、抽象度のオーバーラップのせいで上司も部下も不自由さを感じている。

より抽象的な「上司の領域」から、より具体的な「部下の領域」へ過不足なくピッタリと受け渡すことが理想のコミュニケーションなのだ。

抽象度のリレー：理想の抽象度とは？

さて、抽象的すぎるコミュニケーションも具体的すぎるコミュニケーションも問題があることは理解していただけたと思う。

では最適な抽象度とはいったいどこにあるのだろうか？　身も蓋もない結論を言えば、**コミュニケーションに最適な抽象度は相手による。**

コミュニケーションの仕方は、時と場合と相手によって調整する必要があるわけだ。一律の答えは存在しない。

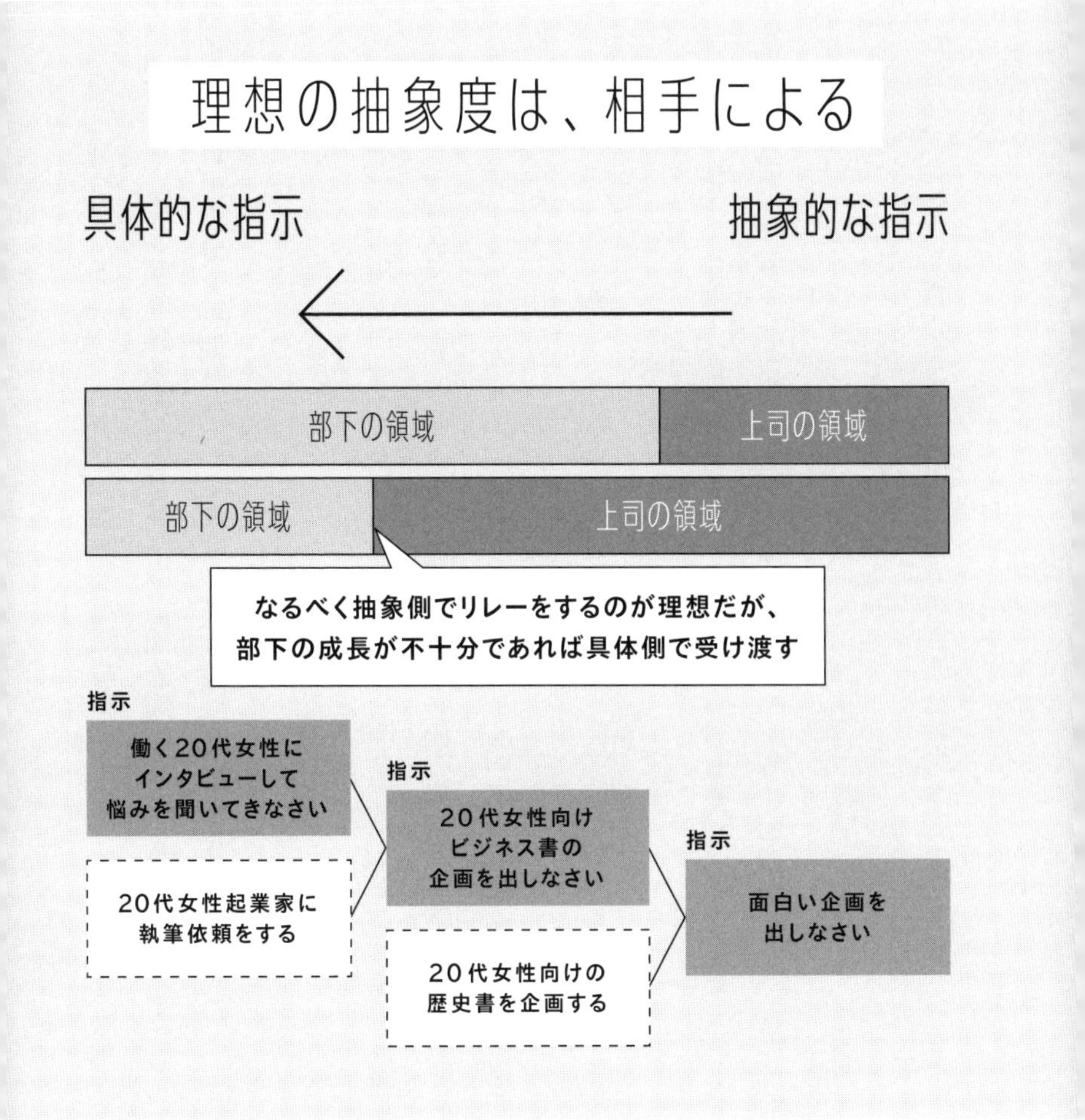
理想の抽象度は、相手による
具体的な指示
抽象的な指示
部下の領域
上司の領域
部下の領域
上司の領域
なるべく抽象側でリレーをするのが理想だが、
部下の成長が不十分であれば具体側で受け渡す
指示
働く20代女性に
インタビューして
悩みを聞いてきなさい
20代女性起業家に
執筆依頼をする
指示
20代女性向け
ビジネス書の
企画を出しなさい
20代女性向けの
歴史書を企画する
指示
面白い企画を
出しなさい

もっとも、コミュニケーションの抽象度を決めるうえで明確な原則はある。その原則とは、**相手が経験豊かで有能なほど抽象側でリレーを受け渡すこと、相手が成長不十分で見地が狭いときほど具体側でリレーを受け渡すこと**である。

部下に面白い企画を出してもらいたいとき、理想的なのは「面白い企画を出してよ」と言っただけで上司の想定を超える面白い企画を立案し、実行までしてくれることである。ただ、そんなことができる部下というのはほんの一握りだろう。抽象的な指示は、相手が十分有能であってこそ力を発揮する。逆に言うと、相手の能力が十分ある場合、細かく具体的な指示は可能性とパフォーマンスを潰す。

抽象的な指示では部下が何をしていいか分からないときは、その指示を少し具体化する必要がある。「面白い企画」では、誰がどのように面白がるのかよく分からない。たとえば「20代女性向けのビジネス書の企画を出しなさい」という指示ならばやるべきことがより明確になってくる。

ただし、具体化することで、得られるものもあれば失うものもある。

たとえば「今まで考えてこなかった、20代女性向けの歴史書を作りましょう」というような、斬新で部下の感性を生かした企画の可能性はこの時点で潰れてしまう。

指示を具体化しても何をしたらよいか分からない場合は、さらに具体化する必要がある。「働く20代女性にインタビューして悩みを聞いてきなさい」といった具合だ。これでやるべき行動がさらに明確になる。

しかしその一方で、「知人の20代女性起業家に執筆依頼する」という、面白そうな選択肢も消えてしまう。

部下が新入社員で右も左も分からない場合は、本当に手取り足取り、具体的な行動を教える必要があるかもしれない。電話のかけ方や名刺の渡し方を指導し、詳細な日報を提出させて細かくチェックする必要があるかもしれない。

この場合重要なのは、細かい具体的な指示が必要になる前提は、あくまで「部下の成長が不十分で、現在の仕事に対して能力が不足している」ということだ。

つまり、あまりに具体的な指示が必要ならば、部下の能力が不足している証拠なので早急にスキルアップしてもらわなければならない。そして、可能な限り抽象側でリレーを受け渡せるようにしたいのだ。

ここで、部下のスキルアップに必要なものはケースバイケースで、それは経験であったり研修であったりするかもしれないが、上司がすぐに実行できる手段は、「部下が確実に受け取れると思われる場所より、少し抽象側で渡してみる」ということだ。**部下が自分の領域を広げる余白を、コミュニケーションの抽象側に用意する**ことで、自発的な成長を促すことができる。

ところで、「部下が成長する」ということは「上司の仕事が奪われる」ということでもあるので、これを恐れる上司も多いのだが、この問題について少し解説しよう。

結局、究極のマネジメントとは何か？

本書では、課長や部長のような中間管理職のことを「マネージャー」と呼んでいるが、

マネージャーの仕事とは、究極的には自分を不要にすることである。

通常、マネージャーは直接的に価値を生み出さない。直接的に価値を生み出すのは、現場のプレイヤーたちだ。

出版社であれば、実際に本を作るのは編集長の部下の編集者たちであるし、売上を上げるのは取次や書店を回る現場の営業マンたちである。たとえ編集長や営

業部長がいなくても、プレイヤーたる編集者が面白い本を作り、営業マンたちがたくさん本を売っているなら何も問題がない。

さらに世の中には、価値を生み出さないどころか、現場の仕事がよく分からずに部下の邪魔をしているだけの、有害無益なマネージャーすら存在する。非効率に多すぎる管理職を廃止し、生産性の向上に成功したと喧伝する組織もある。

とはいえ、マネージャーの全廃に成功した組織は歴史上存在しない。上司がいなかったら、部下の教育は誰が行うのか？　部下の失敗は誰がカバーするのか？　部下どうしの意見の対立は誰が仲裁するのか？　やはりマネージャーは必要なのだ。しかしそれでも、マネージャーの理想は、マネージャー自身がいなくとも仕事がすべてうまくまわることである。

高木編集長は澤田君に「何か面白い企画を出してよ」と指示したが、これは高木編集長の上司である社長の指示、たとえば「経営計画上、今年は10万部売れる本が10タイトルほど欲しいので新刊の企画を出してください」という指示を受けてのことだったとしよう。

郵便はがき

おそれいりますが
切手を
お貼りください。

141-8205

東京都品川区上大崎3-1-1
株式会社CCCメディアハウス
書籍編集部 行

CCCメディアハウス　書籍愛読者会員登録のご案内
＜登録無料＞

本書のご感想も、切手不要の会員サイトから、お寄せ下さい！

ご購読ありがとうございます。よろしければ、小社書籍愛読者会員にご登録ください。メールマガジンをお届けするほか、会員限定プレゼントやイベント企画も予定しております。
会員ご登録と読者アンケートは、右のQRコードから！

■アンケート内容は、今後の刊行計画の資料として
利用させていただきますので、ご協力をお願いいたします。
■住所等の個人情報は、新刊・イベント等のご案内、
または読者調査をお願いする目的に限り利用いたします。

愛読者カード

■本書のタイトル

■本書についてのご意見、ご感想をお聞かせ下さい。

※ このカードに記入されたご意見・ご感想を、新聞・雑誌等の広告や
弊社HP上などで掲載してもよろしいですか。
はい（ 実名で可 ・ 匿名なら可 ） ・ いいえ

ご住所	□□□-□□□□ ☎ ― ―		
お名前	フリガナ	年齢	性別
			男・女
ご職業			

この場合、高木編集長は社長の指示をほとんど具体化せずにそのまま部下に受け渡したことになる。図で表すと、「上司の領域」がほとんどなく、「上司の上司の領域」と「部下の領域」が直接くっついたような状態だ。

このような、**自分の領域がほとんどない状態が、いわゆる「丸投げ」**である。この「丸投げ」には良い面と悪い面がある。

良い面としては、まず部下を信頼している証しである。**部下の裁量と能力を尊重し、しっかりと仕事をしてくれると信じているからこそ、丸投げしているのだ。**そして、これはマネージャーの仕事の理想形でもある。**マネージャーが仕事をしなくても組織の仕事がまわる状態こそが、組織の理想**だ。

悪い面としては、**部下から見ると仕事をしているように見えないし、実際にしていない。**丸投げに対し喜びを感じる部下もいれば、不満を感じる部下もいる。丸投げに不満を感じる部下からすれば、「仕事もしていないのに給料だけ高い上司」に見えることだろう。

丸投げがうまくいったとしても、マネージャーが特に仕事をしていないのは事

「丸投げ」の功罪

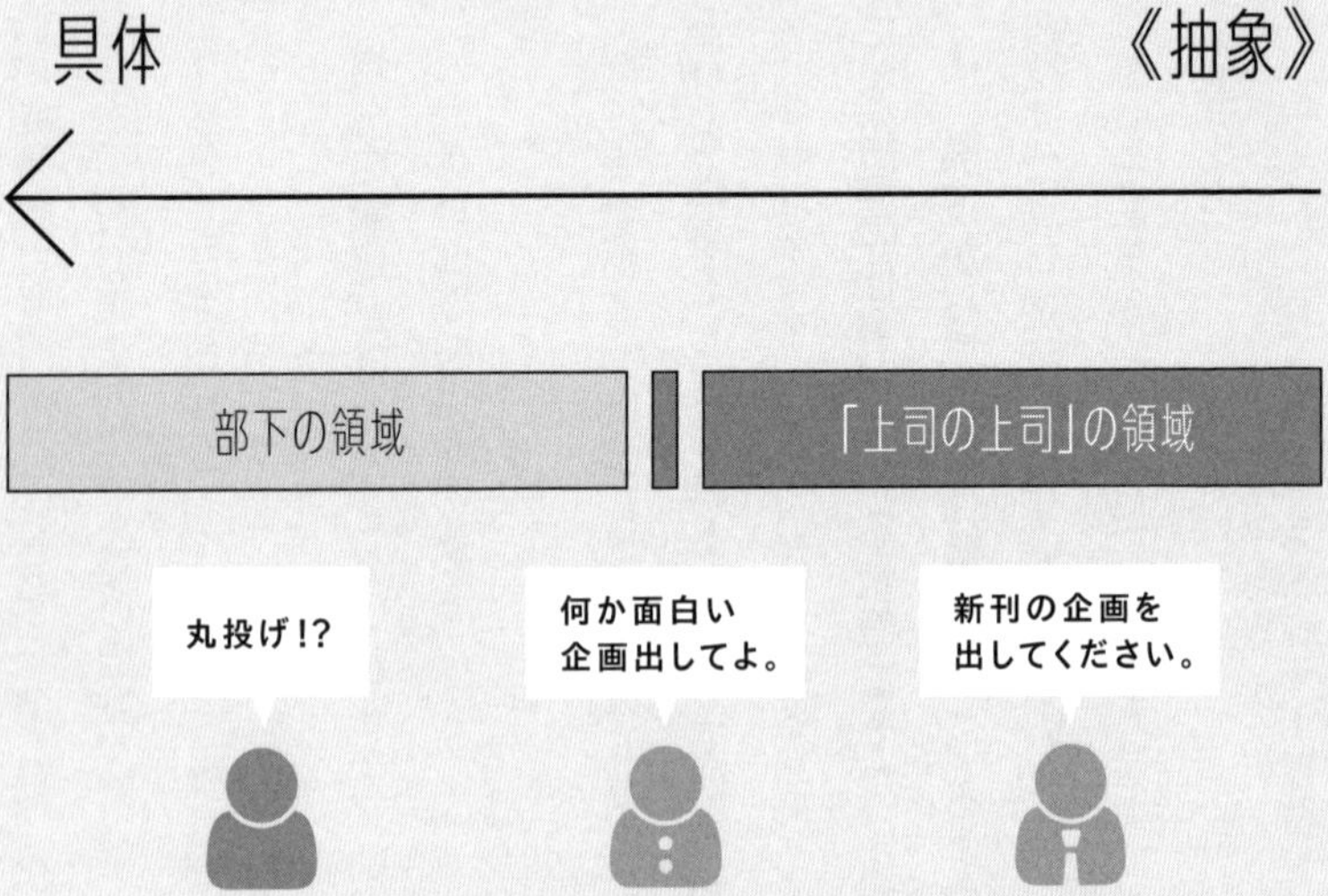

具体
《抽象》
部下の領域
「上司の上司」の領域
丸投げ！?
何か面白い
企画出してよ。
新刊の企画を
出してください。

「上司の上司」の指示を「具体化」せずに部下に投げるのが
「丸投げ」である。
部下を信頼している証ではあるが、
仕事をしているように見えない可能性はある。

実なので、成功したマネージャーは**「自分が必要とされていないかもしれない恐怖」**とも戦う必要がある。自分がいなくても仕事がまわってしまうので、自分の存在意義に自信が持てなくなってしまうかもしれないのだ。

「丸投げ」には良い面と悪い面があるものの、それでも私は、マネージャーは「自分が不必要になること」を目標に仕事をすべきだと思っている。**仕組みを改善し、部下を教育し、自分がいなくても上手に運営される組織を作ることがマネージャーの仕事**である。

部下の能力が丸投げに堪えられるならしっかりと丸投げし、丸投げに堪えられないなら、早急に成長を促す手段を考えよう。そして自分は、もっと上のポジションを目指すなり、新しい価値を生み出す仕事を考え出すなりすべきなのだ。

役職の抽象度が逆転するとき

高木「この本はイラスト使うからさ、ちょっとイラストレーター何人かに見積もりとってよ」

澤田「編集長、出版社というのは時代を牽引していかなきゃだめです。手描きのイラストの時代はもう古いですよ。ＡＩに出力させたイラストを使いましょう！　だいたい、毎年編集費の削減要求が来ているじゃないですか。なんとかコストを抑えて本を作ることを考えなくてはいけません」

上司と部下がいるとき、より具体側の仕事を部下が担い、より抽象側の仕事は上司が担うというのが基本である。しかし、ときにこの担当が逆転することがある。部下が上司より「全体的なこと」「長期的なこと」「理論的なこと」を考え出して、上司より抽象側に行ってしまった場合だ。

この場合、評価は少々複雑で難しくなる。

強調しておきたいが、私は、「部下は上司に口答えするな」とか「部下は上司の指示の中で動いていればよい」などとはまったく思っていない。むしろ、上司を超えて抽象的なことを考えるのは、絶対に必要なことである。

今はプレイヤーとして仕事をしていても、いずれはマネージャーやリーダーとしての仕事を行うときが来る。そのときになって「僕は抽象的なことは知りません」とは言っていられない。組織の未来のためにも、自分の未来のためにも、抽象側の考え方は必要なのだ。

とはいっても、この「抽象度の逆転」が起こると、たとえ部下の意見が正しくても仕事は進まなくなる。上司もイラッとするだろう。「いいからさっさと仕事しろ！」とでも言いたくなる。組織の未来や部下の未来のために必要なことであっても、目先の仕事はとりあえず動かないのである。

逆に言うと、部下が積極的に異論を唱えて仕事を止めるべき場合もある。もっと大きなもの、たとえば「会社の経営方針」「国の法律」「道徳」「社会通念」などに照らし合わせて上司の指示に疑問を感じたときだ。

このまま仕事を動かしたら、会社の方針に反したり、他の部署に迷惑をかけたり、下手をすると法律を犯すことになるかもしれない。そうなる前にいったん仕事を止め、上司に説明してもらったり状況を整理したほうがいいだろう。

上司と部下で抽象度が逆転しても、それ自体は悪いことではない。ときに、必要なことでもある。しかし、目の前の仕事は動かなくなる。仕事に緊急性があるときは、つべこべ言わずに即具体化して実行したほうがよいだろう。

しかし、時間があるときは「部下の抽象的な考え」は大切にしていきたい。

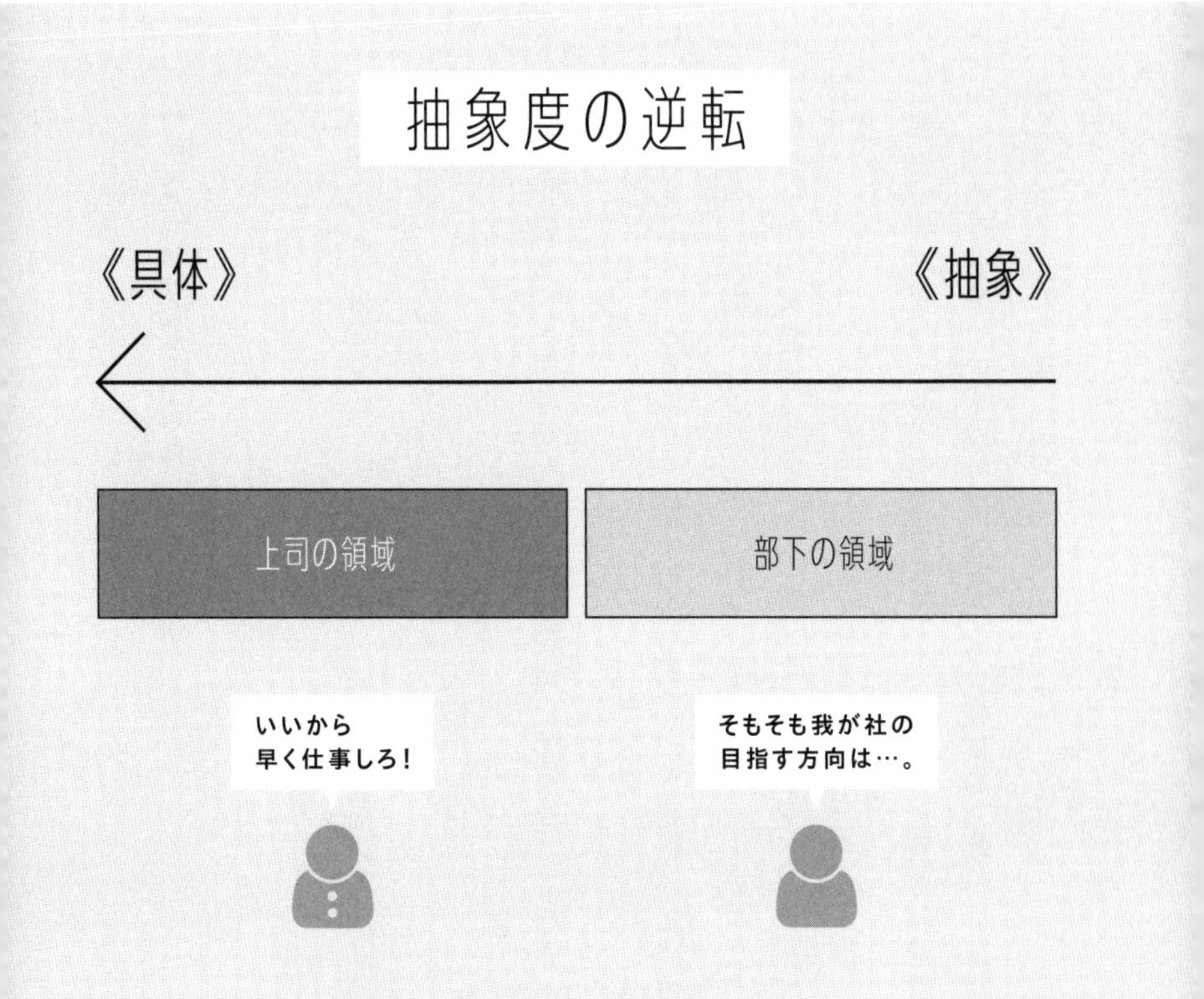
抽象度の逆転
《具体》
《抽象》
上司の領域
部下の領域
いいから
早く仕事しろ！
そもそも我が社の
目指す方向は…。
上司と部下の領域が逆転していると、
意見は正しいとしても仕事は進まない。

コラム：抽象化の方法 Ｗｈｙ

抽象化とは分かりにくい概念だが、抽象化したいときはいったいどうすればよいのだろうか？

抽象化のもっとも単純な説明は「具体化の反対」である。

具体化したいときは、５Ｗ１ＨのうちWhyを除いた４Ｗ１Ｈを使うのが便利だと52ページのコラムに書いた。抽象化したいときは、具体化に使わなかったWhyを使うのが便利で、強力だ。

イラストの発注という仕事が発生した場合、４Ｗ１Ｈを使って具体化し、仕事を進めていく以外に「Why?：なぜ?」という質問を使って抽象化することが可能だ。

なぜイラストを発注するのだろうか？　おそらくは、「本の読者に親しみやすさを感じさせるため」とか「本の読者の理解を深めるため」という目的があるのだろう。

もしイラストの目的が「本の読者に親しみやすさを感じさせるため」だとすると、当然「親しみやすいイラスト」を発注しなければならないことが分かる。「威圧感があるイラスト」とか、「前衛的すぎてついてこられる人が限られるイラスト」はＮＧだと分かるのだ。

「Why?：なぜ？」という質問を使うことで本質や目的が明らかになる。明後日の方向に進む心配がなくなるわけだ。

また「なぜこの仕事が私に回ってきたのだろうか？」と抽象化することもできる。

上司は、自分が面倒くさいからこの仕事を押し付けてきたのだろうか？　それとも、部下を教育する意図を持ってこの仕事をさせているのだろうか？　あるいは、若い感性に期待して何か新しいことをしたいのだろうか?
「Why?:なぜ?」という質問に答えることで、会社全体の文化や教育方針が見えてくる。これが抽象化の力である。

上司を見限るたった1つのタイミング

サラリーマンの悩みのほとんどは、上司とのミスコミュニケーションから発生する。そして、仕事上のミスコミュニケーションとは2種類しか存在しない。抽象側の領域でバトンを落としてしまっているか、具体側の領域へ過干渉しているかである。

もっとも、現実はもう少し複雑で、その両者が組み合わさっていることが多い。
たとえば「仕事のやり方は具体的に教えてくれないくせに、休憩時間の取り方は口うるさく注意してくる」といった具合だ。

本書の図版では、単純化するために「上司の領域」と「部下の領域」の境界線をきれいな直線で描画しているが、実際の境界線はもっと複雑で、リアス海岸のようにギザギザしている。だから過不足なくピタリと合わせようとしても、どうしても隙間が空いたり突起が邪魔になったりするのだ。


上司と部下はギザギザした複雑な境界を互いに持っているので、残念ながら「何もしなくてもピタリと合わさる」ということはない。万が一できたら、それこそ運命の二人である。

必ず相性というものはあるし、相性が合わない部分はコミュニケーションで努力する必要がある。

上司には上司で言い分があるかもしれない。「時間を守ることが仕事の基本なんだから、時間を守れないやつに仕事を教えられるか!」みたいな具合である。

有能な上司は、部下に合わせて境界線をピタリと合わせてくれるだろう。しかし、世の中有能な上司ばかりではないし、完璧な上司もいない。部下からも境界線を合わせていく必要がある。あるいは、境界線を合わせるように上司に要望する必要がある。

私は「上司には従え」とか「上司に合わせろ」などとは言わないが、上司への不満というのは結局コミュニケーションの問題なので、部下が主体的に改善可能であるし、改善すべきだと考えている。

そして、コミュニケーション改善の鍵は、性格とか人間性ではなく、抽象度のリレーにある。上司が有能でなくても、相性が悪くても、性格が気に入らなくても、それなりにうまくやることは可能だということだ。

ただし、このときばかりは上司を許すべきではない、という場合が一つだけある。

それは、上司がより抽象的な領域（上司の上司からの指示、会社の方針、業界の指針など）からのバトンをリレーしていないときだ。部下として、上司とのコミュニケーションはコントロール可能だが、上司と「より抽象的な領域」との間にリレーの断絶があると、これは直接改善できない。

このような上司についていると、一生懸命仕事をしても部署全体が不毛な方向

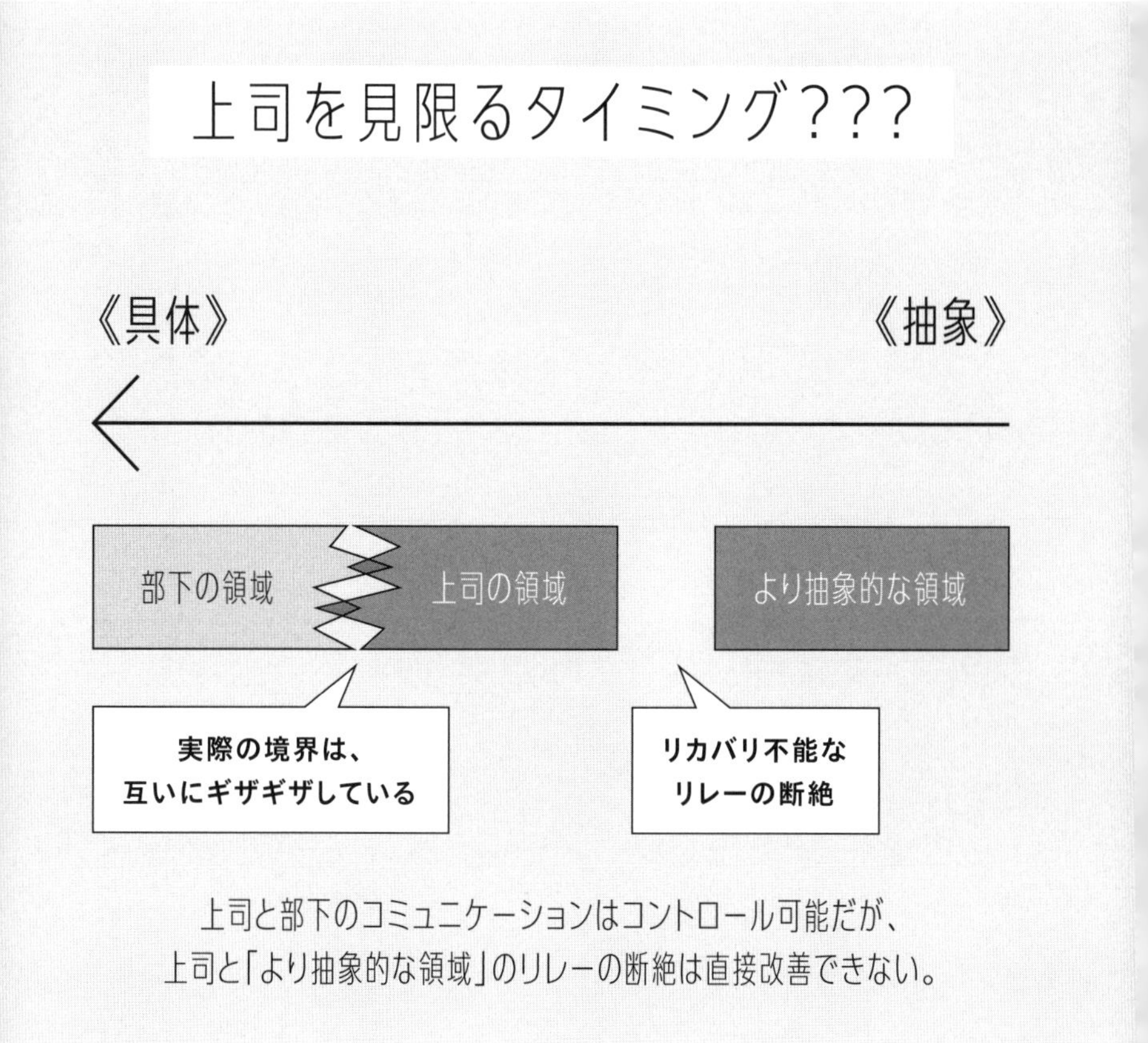
上司を見限るタイミング???
《具体》
《抽象》
部下の領域
上司の領域
より抽象的な領域
実際の境界は、
互いにギザギザしている
リカバリ不能な
リレーの断絶
上司と部下のコミュニケーションはコントロール可能だが、
上司と「より抽象的な領域」のリレーの断絶は直接改善できない。

に進み、あなたのキャリアも誤った方向に進みかねない。これが、上司の上司に掛け合って改善を目指したり、異動や転職を考えるべきケースだ。

第4章

問題解決：目的と手段の階層構造

問題解決とは何か？

澤田匠海の電話が鳴った。イラストレーター栗島からの連絡である。

澤田「はい、澤田です」

栗島「ああもしもし。栗島ですけど、実はですね、交通事故に遭いまして」

澤田「えーっ!!?!! だ、大丈夫ですか？」

栗島「交差点で追突されたんですよ。手の骨が折れましたが大した怪我ではなくて、こうして電話できるぐらいなんですけど、昨日から病院に入院しています。2週間ぐらいの入院になりそうで、医者には最低1週間は安静にするように言われています」

澤田「なんとか元気そうで良かったですけど、イラストの納品予定は明後日じゃないですか!!!」

「問題解決」という言葉がある。日常的には「何か困った問題があったら、なんとかして解決する」という程度の意味だが、ビジネス用語としては、少し取り扱いを注意すべき言葉だ。

「問題解決」とは、よくあるビジネス書では次のように説明される。「AsIs / ToBe 分析」とも呼ばれる。

まず、理想とする姿と現状を明らかにし、そのギャップを問題として認識します。次に問題を引き起こしている原因を特定します。そして、解決する手段を考え実行します。これが問題解決です。

これは一見、当たり前で真っ当な「問題解決」のフレームワークであり各種コンサルタントもよく使うのだが、実はビジネスの現場では役に立たない。

澤田君が遭遇したトラブルを、このフレームワークに当てはめてみよう。

「理想とする納期」が2日後のところ「現実の納期」は2週間後になりそうなので、このギャップが問題と言える。問題の原因は明らかで、イラストレーターの交通事故である。しかし、問題の原因を排除したところで事態は前進しない。たとえ追突した犯人を捕まえて追及しても、イラストは描かれないのだ。

納期に間に合えばよいのだから、イラストレーターが入院している病室に画材を持って押しかけ、骨折した手でイラストを描いてもらうという手段もあるかもしれない。しかしかなり無理のあるプランである。これを問題解決とは呼ばないだろう。

AsIs / ToBe 分析は、「イラストレーターのトラブルで納品が遅れそう」というよくある問題ですら解決できないフレームワークなのだ。

「問題解決フレームワーク」が機能しない他の例も挙げよう。

たとえば「今月の売上が目標に届かない」という場合、問題として認識される。しかし、「今月はまだ半分しか経過していないのに売上目標を達成してしまった」という場合はどうだろう？　通常は問題として認識されない。もちろん、目標を達成しているので、問題でないと言えば問題でないのだが、では今月の後半はどう過ごせばよいのだろうか？

目標を達成したので、今月はもう仕事をせずに遊びに行けばよいのだろうか？　それとも、ビジネスに何か追い風が吹いているチャンスだと思われるので、より積極的なセールス活動を行うべきなのだろうか？

今月後半は遊ぶべきか？　稼ぐべきか？　この問題に、いわゆる「問題解決力」は答えてくれない。

「問題解決力は、ビジネスの根幹に関わる重要スキルです」ということはよく言われるし、私も同意する。しかし、「問題解決力向上研修」のようなものを受けてきても、実際にはいまいち役に立たない。

「問題解決力」が役に立たない理由をひとことで言えば、「そもそもその問題を解決する必要があるの？」という「問題設定」が抜け落ちているからである。

問題解決と問題設定は必ずセットで運用されるべきだ。だがしかし、その「問題設定」「問題設定力」とは何か？　ということについては「問題解決」以上にぼんやりとしており、語られることも少ない。

本書では、具体化と抽象化の力を借りることで、「問題解決」と「問題設定」の諸問題について同時に解決する。そのために、まず言葉の定義をはっきりさせよう。本書では、「問題解決と問題設定」を次のように定義する。

問題解決とは、正しい目的に対し正しい手段を選択することである。
問題設定力とは正しい目的を捉える力であり、問題解決力とは正しい手段を選ぶ力である。

「問題」とは、現状困っていることとは限らず、より良い未来を選択するチャンスのことである。より良い未来を選択するためには、その目的を明確にする必要がある。

「解決」とは、必ずしも問題をゼロにすることではない。むしろ、あらゆる問題がゼロになることを夢見るのは、完璧主義者の幻想である。

実際のビジネスの場では、うまくいかなかったことに対して何度も改善を試みるのは当然だ。あるいは、タイミングを見計らって撤退したりすることが最善策であることもある。

ではなぜこのように定義された「問題解決と問題設定」が、具体化と抽象化と関係あるのだろうか？　まず、「イラストが納品されない」というトラブルを例に、手段と目的の階層構造について確認しよう。

手段と目的の階層構造：そもそもの目的に立ち戻る

手段には、必ず目的がある。そしてその目的は、必ず何かの手段になっている。

イラストレーターにイラストを発注した目的は何だろうか？目的は、「作ろうとしている本に、きれいな絵を入れること」だ。

では、きれいな絵を入れる目的は何だろう？その目的は、「良い本を作ること」である。

結局のところ、イラストレーターにイラストを発注したのは良い本を作るためであり、発注時点では、その手段として最適だと思われたからだ。

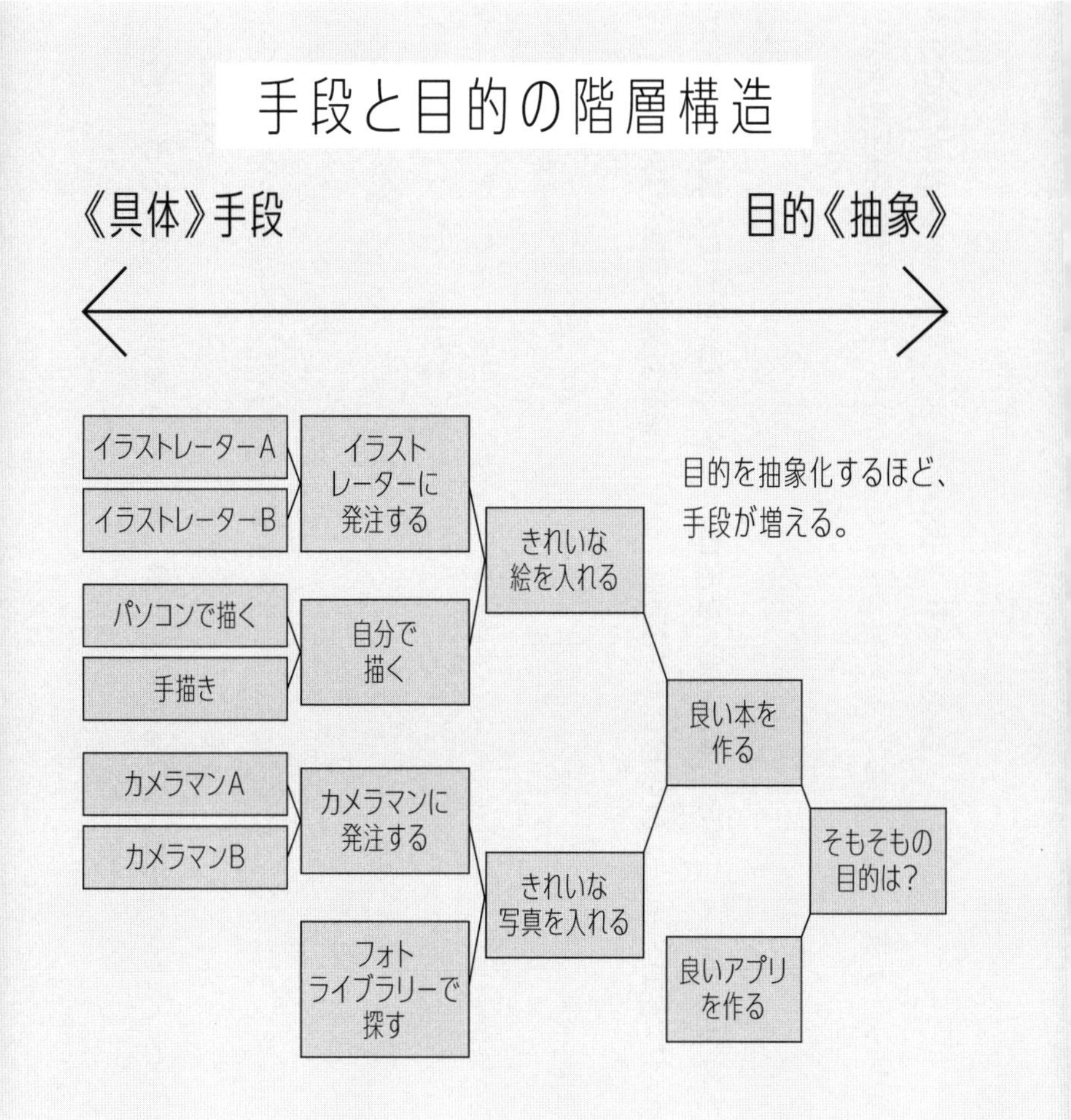
手段と目的の階層構造
《具体》手段
目的《抽象》
イラストレーターA
イラストレーターB
イラスト
レーターに
発注する
目的を抽象化するほど、
手段が増える。
きれいな
絵を入れる
パソコンで描く
手描き
自分で
描く
良い本を
作る
カメラマンA
カメラマンB
カメラマンに
発注する
そもそもの
目的は?
きれいな
写真を入れる
フォト
ライブラリーで
探す
良いアプリ
を作る

そもそもの目的に立ち戻ったとき、実は様々な手段が選択肢としてあることに気づく。

「良い本を作る」ために「きれいな絵を入れる」ことを選んだわけだが、実はその他にも「きれいな写真を入れる」というような選択肢もあった。

「きれいな絵を入れる」ためにイラストレーターに発注したわけだが、たとえば「自分で描く」という選択肢もあったはずだ。イラストレーターAさんに発注する際、「イラストレーターBさんに発注する」「イラストレーターCさんに発注する」という選択肢もあったのだ。

これが**手段と目的の階層構造**である。**手段には目的があり、その目的にもさらに上位階層の目的がある。**そして**目的から見れば、必ずいくつかの手段が存在する。**

大きな問題を目の前にしたときは焦ってしまうが、**視野を広く持ち、そもそもの目的を考えることで、解決する手段は多くなる。**

もっとも、見つかった手段が必ずしも適切なわけではない。イラストが納品されない場合、「きれいな絵を入れる」という目的に立ち戻り、「きれいな絵を自分で描く」というのは、確かに選択肢としてはあり得る。しかし、自分に十分なスキルがなければ現実的ではないだろう。

そこで、「きれいな絵を入れる」目的である「良い本を作る」という目的に立ち戻ると、「きれいな写真を入れる」という手段が見つかる。

この「きれいな写真を入れる」を目的とすれば、どんな手段が考えられるだろうか？　たとえば、「カメラマンに発注する」とか「フォトライブラリーで探す」などの選択肢が見つかるはずだ。

ただしここでまた、今からカメラマンに発注していては時間的に間に合わないかもしれない。結局、「フォトライブラリーで探す」という手段が、現実的で適切なものとして残った。

こうして、「イラストレーターが交通事故に遭い、イラストが納品されない」という問題に対して、「代わりとなるような写真をフォトライブラリーで探す」という解決策が見つかった。何をしたかというと、**目的の階層をたどり、手段の階層を戻ってきた**のである。

もちろんこの解決策はたとえばの話であり、様々な条件によって、適切な手段は変わってくる。結果的には、「本のページ構成を変える」とか「社内のデザイナーに何とかしてもらう」といった、ここでは出てこなかった選択肢に巡り合うかもしれない。しかし、「そもそもの目的をたどり、数多く生まれた手段の中から適切なものを選ぶ」という手順は変わらない。

手段は具体的であり、目的は抽象的である

ここで、「手段と目的の階層構造は分かりました。でもなんでそれが具体と抽象と関係あるのですか?」という疑問が出たかもしれない。

本書では、《具体》と《抽象》の性質を拡張して解説しているが、その中でも強

調したいのが、「手段」と「目的」という性質である。実は、

手段を求めるときは具体化が、
目的を求めるときは抽象化が重要になる

のだ。

たとえば、ダイエットのためにランニングをすることにしよう。ダイエットが目的であり、ランニングが手段である。

ダイエットの手段は、ランニングの他にも「食事制限をする」とか「筋トレをして基礎代謝を上げる」などがあるかもしれないが、とりあえずはランニングを選んだわけだ。

ランニングを実行しようとする場合は、具体化が力になる。漠然と「ランニングしよう」と思うだけではなかなかスタートできず、継続もできないことが多い。「毎週月曜日と木曜日、朝食前の朝7時から30分、公園のランニングコース5㎞

を走る」と**具体化することでやるべきことは明確になり、実行しやすくなる。**

さらに言うと、「ランニングシューズはどれにする」とか、「目標心拍数はいくつにする」というようなことまで具体化していくと、手段としてのランニングは洗練されて効果的になっていくだろう。

一方で、ランニングの目的である「ダイエット」の目的は何だろう？　何のためにダイエットをするのだろうか？

おそらくは「健康になりたい」とか「スタイルをよくして異性にモテたい」という目的があるのだろうが、目的を追求していくと、「健康」や「モテたい」というように、必ず抽象的になっていく。

抽象的になるということは、長期的であり、全体的であり、本質的になっていくということだ。

手段は具体的であり、目的は抽象的である。
具体化すればするほど、強力な手段がたくさん見つかる。
抽象化すればするほど、より根本的な真の目的が見つかる。

ダイエットにおける「手段と目的」

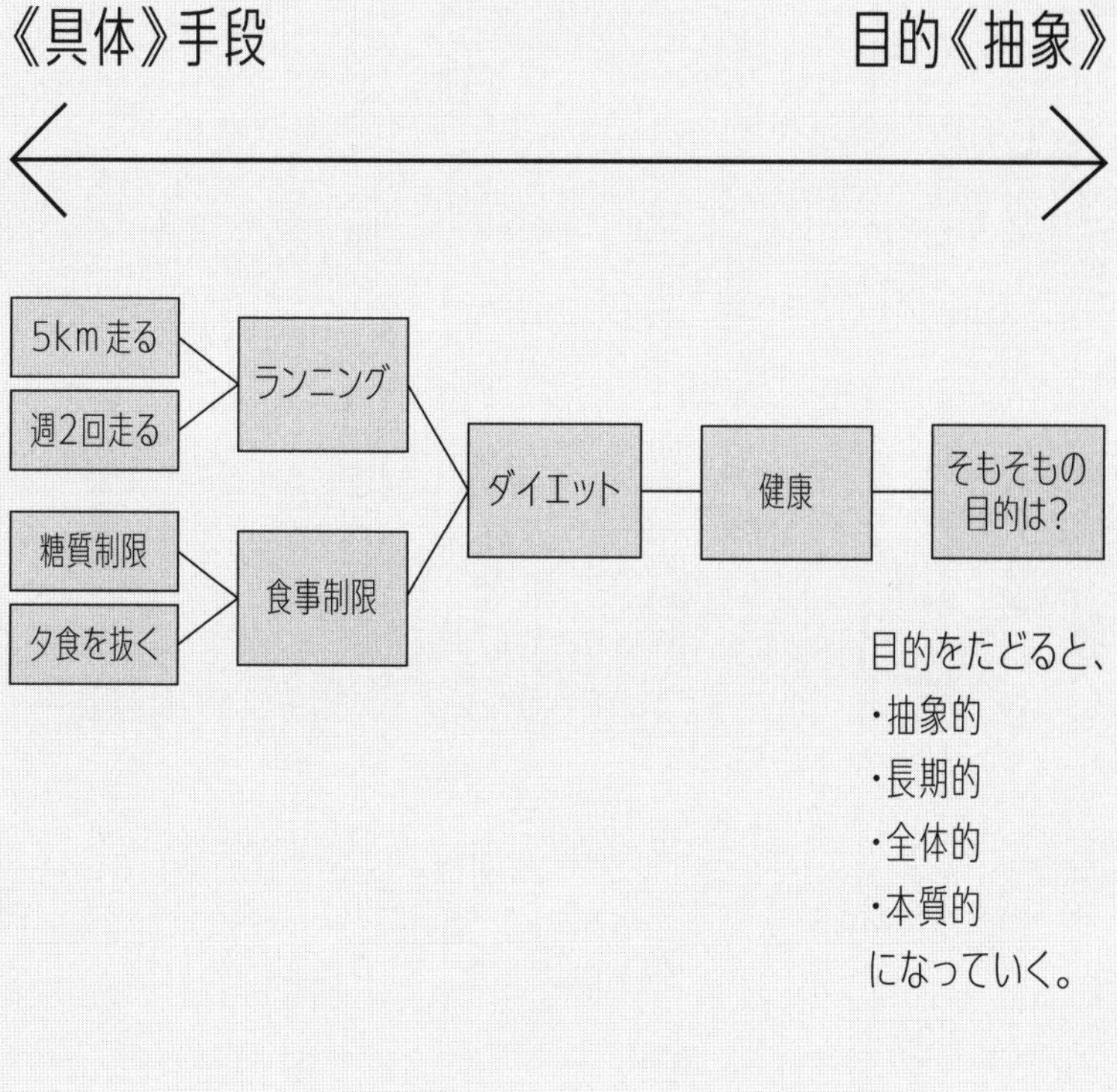

世の中では見落とされがちだが、これが《具体》と《抽象》の重要な性質なのである。

問題を解決できない理由は、問題が設定されていないからである

私は地球を救うために1時間の時間を与えられたとしたら、55分を問題の定義に使い、5分を問題の解決に使うだろう。

大物理学者、アルベルト・アインシュタインの言葉である。「問題解決よりも問題設定のほうが大切である」ということを説明するときによく引用される。

私は、問題解決力と問題設定力は同じくらい大切だと思うが、実際のところ、問題が解決されない理由のほとんどは「問題設定が悪いから」である。問題設定

には、注意深く多くのエネルギーをかけるべきだ。

イラストレーターの交通事故で納品がされないというとき、どれだけ交通事故にこだわっていても、イラストは納品されない。

しかし、目的をたぐり抽象化すればするほど、解決手段は多くなる。「イラストが納品されない」という問題よりも、「きれいな絵を入れる」「良い本を作る」というように問題を抽象化していったほうが、解決が近づくのだ。

問題設定力とは、つまり抽象化力と呼んでよい。

いわゆる「仕事ができる人」が多少のトラブルで動じないのは、「肝が据わっている」とか「経験が豊富」であるだけではない。**抽象的な視点を持っているから、最初からたくさんの手段が見えている**のだ。

重大なトラブルが起こったように見えたときも、あまり慌てる必要はない。それは単に手段の一つが潰れただけで、他にも多くの手段が残っていることを知っているからだ。

もっとも、何でも「抽象化すれば正しい問題設定にたどり着く」かというと、少し違う。

たとえば、「良い本を作る」という目的の、そのまた目的は何だろうか？「会社の売上を立てる」とか「ビジネスに役立つ良い知恵を世の中に広める」などがそもそもの目的かもしれない。

「良い知恵が世の中に広まって売上を立てる」ことを目的とするならば、別に本を作ることが唯一の手段ではない。セミナーを開催したり、アプリを作ってサブスクモデルにしたりするといった手段も十分考えられる。もしかして、そちらのほうが正しい道かもしれない。

しかし、出版社が本を作るのをやめてアプリ開発を始めようとすれば、それは全社的なプロジェクトになってしまうだろう。組織を組み換え、予算を付け替えて、少なくとも数年がかりの長期プロジェクトになると思われる。

目的を抽象化すればするほど、それは全体的であり長期的な目的になっていくのだ。

抽象化を繰り返すと、問題は「組織全体に関わること」や「社会全体に関わること」になっていき、「人生をかけて取り組むライフワーク」のように長期化する。それらは非常に重要な問題であるが、「今日自分一人で解決できる問題」ではなくなってしまうのだ。

結局のところ、**時間軸や関係者の範囲を考慮し、適度なレベルまで抽象化するのが正しい問題設定と言える。**

トヨタ自動車が発祥といわれる「なぜなぜ分析」という手法がある。

これは、問題が発生したのなら「なぜ？　という質問を5回繰り返して問題の根本原因を探しなさい」という考え方だ。本書の言葉で言えば、「抽象化を5回繰り返して物事の本質に迫りなさい」ということになる。

しかし、先ほど解説したように、抽象化を5回も繰り返すと「会社全体」「社会全体」「人生全体」に関わる問題になってしまうことが多い。何十年もかけて会社の社長になってからでないと解決できないとしたら、むしろ問題解決が遠くなってしまう。

私は、日常業務の範囲であれば、「なぜなぜ」は2〜3回ぐらい繰り返すのが適当であると感じている。逆に言えば、最低2回は「なぜ」を繰り返してから問題を設定したほうがよい。そして、ビジネス全体に関わる重要な決断をするときは「なぜ」を5回以上繰り返して、ビジネスのそもそもの目的に迫るべきだろう。

非生産的な会議はなぜなくならないのか

「それでは、定例の制作進行会議を始めます」
議事進行担当の大和田茜は澤田匠海の5つ上にあたる先輩だが、レスポンスが早くて数字に強い女性である。

「……5月号の色校は完了していて、来週半ばに印刷工場より納入されます。6月号についてですが、販売部数が前月より10％程度減るのではないかとの予測が営業部からありました」

仕事ができるタイプであるのだろうが、言い方が強くお説教気味になるので、澤田は少し苦手としている。

「……澤田さん、何か意見はありますか？」

（え！　このタイミングでふってくるの？？？　自分に関係なさそうな議題なのであまり聞いていなかったけど、何を返せばよいのだろう？）

一説には、労働者は1週間で平均2時間、無駄な会議で時間を浪費しているという。

誰も読まない分厚い資料、発言しない参加者、必ず延びる終了時間、翌週には忘れられる今週の議論……。

確かに「会議」の周辺には無駄が多く仕事の生産性を落としていそうな事象が多い。しかし、会議がないならないで仕事が進まず困ることも多い。

ビジネス雑誌では「会議の生産性を上げる10のヒント」というような特集が頻繁に組まれるが、それでも無駄な会議は減ることがない。

なぜ非生産的な「会議」は減らないのだろう？

「会議」の効率や生産性はどこまで上げることができるのだろうか？

そもそも「会議」の目的は何なんだろうか？

これらの疑問に答える鍵は、またしても「具体と抽象」である。なぜ「具体と抽象」で会議の生産性が上がるのか、まずは会議の役割から整理していこう。

会議が持つ3つの役割

そもそも会議をする理由、会議の目的とは何だろうか？　業務報告？　情報共有？　意思決定？　アイデア出し？

身も蓋もない言い方をすれば、**会議の目的は、もちろん会議による。**

「出版企画会議」なら出版する企画を出すのが目的だろうし、「部数決定会議」なら本を印刷する部数を決めるのが目的だ。

会議の目的はもちろん会議ごとに違うのだが、ここでは、**どんな会議であっても忘れてはならない3つの役割**を挙げよう。それが以下の3つである。

①「儀式」の場

②「相互承認」の場

会議の役割

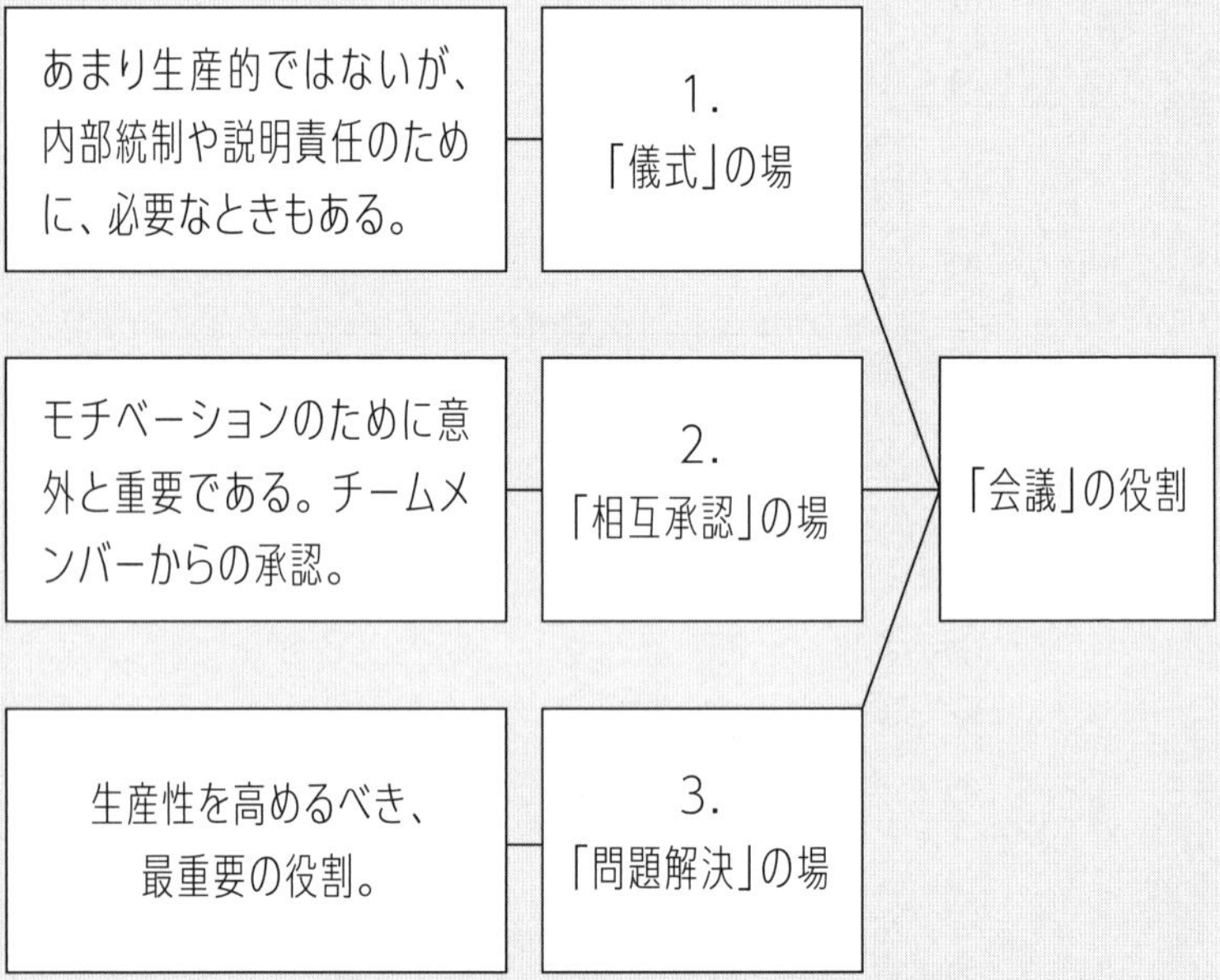

あまり生産的ではないが、内部統制や説明責任のために、必要なときもある。
1.「儀式」の場
モチベーションのために意外と重要である。チームメンバーからの承認。
2.「相互承認」の場
生産性を高めるべき、最重要の役割。
3.「問題解決」の場
「会議」の役割

③「問題解決」の場

①「儀式」の場

最初にこの役割を挙げたのは、意外に思われたかもしれない。儀式的な会議こそ、非生産的な会議として批判されて然るべきではないだろうか？

実は、非生産的な会議がなくならない理由はここにある。**会議には、効率や生産性だけでは測れない役割があり、それが必要なときもある**のだ。

あえて生産的でなさそうな役割から順番に挙げたのだが、最初に挙げる会議の役割は**「儀式」**である。

会議とは、必ずしも活発な議論が行われるものではない。台本が読み上げられ、予定通りに進行すること自体が重要な会議もある。

典型的な例が国会だ。

国会とは、「法律を制定するために議論を行う場」ということになっているが、実際に本会議の中で建設的な議論がされることは稀である。実質的な議論は、数十名しか参加しない委員会であったり、もっと非公式な会議や電話で行われている。

本会議では、基本的には可決することが決まっている法案が淡々と採決されるだけだ。実質的な意思決定は、下手をしたら料亭での密談で決まっていることもある。

国会では毎年何十本もの法律を制定しないといけないが、それを一本ずつ何百人もの国会議員が同時に議論するというのは、確かに現実的でない。しかしそれでも、国会の本会議に意味がないかというとそうではない。

仮に料亭の密談で決まったことであっても、国会で議決されるまで法律にならないことで民主主義は守られている。

国会は、生産的でなくても、民主主義を守る大切な「儀式」なのだ。

ビジネスにおいても、内部統制や説明責任のために、儀式としての会議が必要である。たとえば、「部数決定会議」では、いつも担当者の作った案がそのまま通り、会議で印刷部数が変わることはほぼないとしよう。特に議論は行われず、編集長と営業部長と社長が「うん、これで行こう」と言うだけの会議かもしれない。

この会議に意味がないかというとそうではない。担当者が好きなだけ印刷所に発注すると、もしかして会社が倒産してしまうかもしれないのだ。編集と営業の立場から適切な部数であることを確認し、最終責任の所在が社長にあることを確認するうえで重要な儀式である。

会議には、効率だけを追い求めるべきでない側面もあるのだ。

②「相互承認」の場

「業務報告するだけの会議なら、メールで済むので会議は不要では?」という意見がある。この意見にはもちろん一理あり、廃止したり減らしてよい業務報告会議はたくさんあると思う。

しかし、**業務報告とは単なる情報共有ではない。メンバーの仕事を理解し合い、仲間の存在を承認し合う場**でもある。

ここでいう「承認」とは、別に「褒める」という意味ではない。もちろん、成果を挙げたメンバーに対しては積極的に褒めたり尊敬したりすべきだが、たとえ目立った成果がなく、単に悪戦苦闘しているだけであっても、組織のメンバーとしてここに存在していることを認め合うということである。

そもそも、あらゆる組織は「共同体」の一面を持っている。「我が社の社員は全員家族同然です！」という会社は少々ウェットすぎて気持ち悪いかもしれないが、お金と情報だけで構成されるような「完全にドライな機能体組織」というのもまた存在しない。

仕事や営利が目的の会社組織であっても、必ずどこかに「信頼」とか「友情」といった感情でつながっている部分がある。

あらゆる組織は、「ウェットな共同体」と「ドライな機能体」の中間にあり、その程度が様々なだけだ。

共同体の一員として互いを認め合うことは、メンバーの一体感やモチベーションに大きく影響する。

「同じ釜の飯を食った仲間」という言葉があるが、相互に承認するためにはメールや書面よりはオンラインでも会話したほうがよく、オンラインよりは実際に会ったほうがよく、可能ならば一緒に御飯を食べたり合宿したりしたほうがよい。

現実的に、すべての組織で「同じ釜の飯を食う」のが最適ではないだろうが、**「会議」というものはどんな組織でも重要な相互承認の場になる**のだ。

③「問題解決」の場

今まで、あえて「生産的でなさそうな」会議の役割を2つ挙げた。その理由は、会議には生産性や効率で測れない意味があるからだ。

しかしやはり、会議は生産的であるべきだ。無駄な議論や長い沈黙、誰も聞いていない前口上は必要ない。

では会議には何が必要なのか？

会議の核心は何なのだろうか？

それをひとことで言えば「問題解決」である。

会議の最重要の役割は問題解決

なのだ。

問題解決は問題設定とセットであり、それは具体化と抽象化であると論じてきた。会議の場で、問題設定と問題解決はどのように行われるか、例を挙げて見てみよう。

「会議」における「問題解決」とは

「生産的な会議を行うためには、会議の目的をはっきりさせましょう」とよく言われる。議論すべき事項をあらかじめアジェンダに整理しておくことも推奨されている。

確かにその通りなのだが、注意すべきは、**会議の目的を決めること、すなわち問題設定を行うこと自体が重要な会議の議題である**ということだ。

事前に議題を整理しておくことは重要だが、アジェンダに書かれたことが真の問題とは限らない。たとえば、会議の議題に「予測販売数の減少について」と書かれていたとしよう。

営業部によると、6月号の販売部数は前月より10％減りそうだという予測があった。販売数が減ってしまうのはたいてい良くないことなので、何らかの問題解決を必要とするのであろう。ただし、「何が問題であるか？」という問題設定はいまいち不明瞭なので、問題解決もしにくい。

問題設定によっては、「とりあえず何もしない」というのも立派な解決である。調べてみたら、「6月号は例年売れ行きが悪く、5月号と比べると10％程度減ることが多い」ということが分かったとしよう。

すると、これは毎年起こる季節変動であり、特に問題でないのかもしれない。問題設定が「毎年起こる季節変動」ならば、「特に何もしない」というのも問題解決であり得る。

「いやいや、問題はそういうことではなくて、売れない本で倉庫がいっぱいになってしまうし、印刷代で収益が減っちゃうんですよ」という見方もあるかもしれない。

もし問題設定が「過剰在庫で倉庫と収益が圧迫される」ということならば、印刷部数を調整するのも一つの解決だ。その場合、「何部印刷するのが適正なのか？」というような事項を具体化していく必要がある。

「いやいや、問題はそういうことではなくて、読者が離れてしまうということは、そもそも企画内容や販促手法に問題があるのではないですか？」という意見もあるだろう。

もし「企画内容や販促手法が原因で読者が離れている」という問題設定をするなら、その企画内容や販促手法を根本的に見直し、新しい企画内容や販促手法を

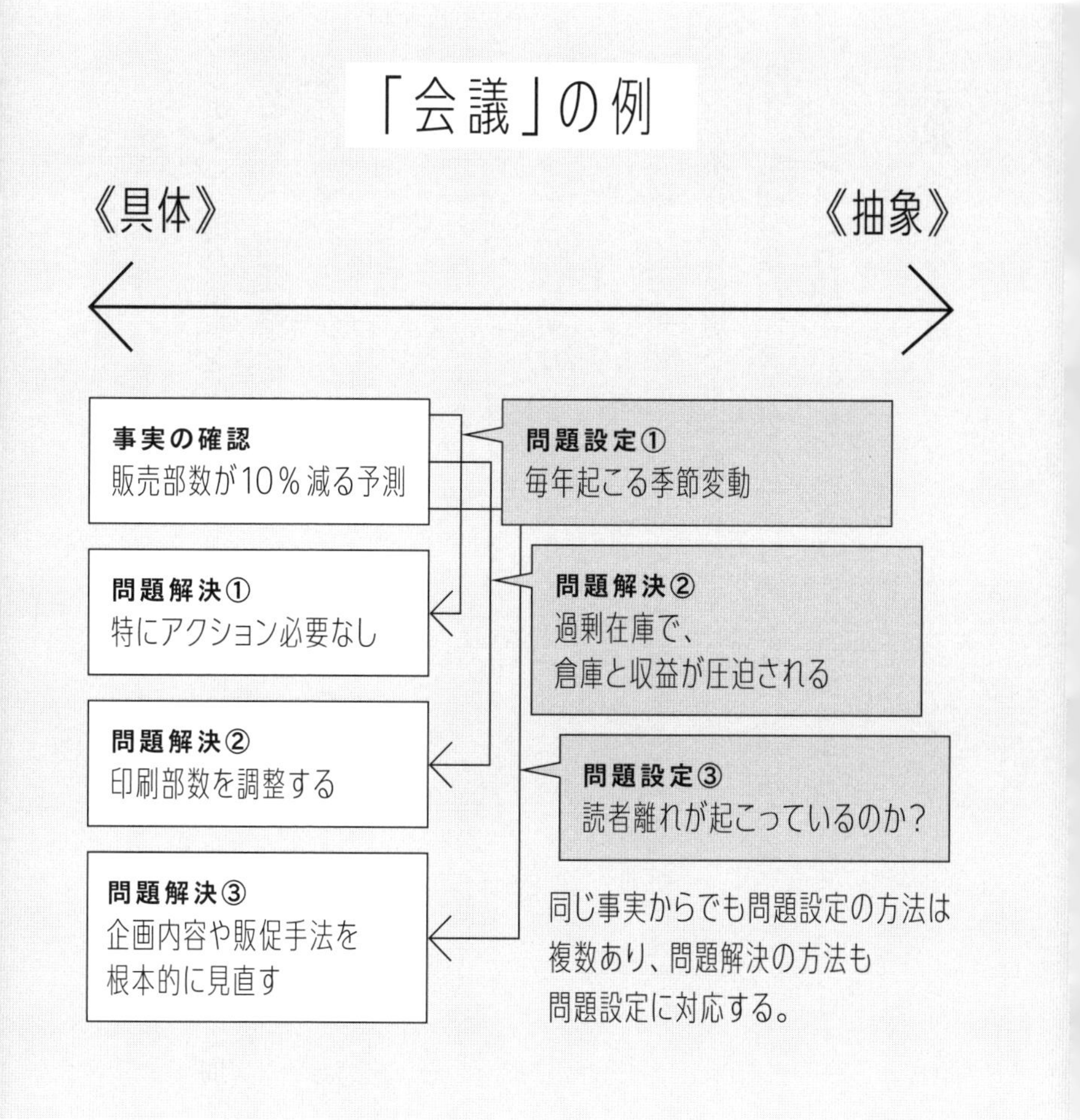
「会議」の例
《具体》
《抽象》
事実の確認
販売部数が10％減る予測
問題設定①
毎年起こる季節変動
問題解決①
特にアクション必要なし
問題解決②
過剰在庫で、
倉庫と収益が圧迫される
問題解決②
印刷部数を調整する
問題設定③
読者離れが起こっているのか？
問題解決③
企画内容や販促手法を
根本的に見直す
同じ事実からでも問題設定の方法は
複数あり、問題解決の方法も
問題設定に対応する。

考えていくのが問題解決だ。

このように、**同じ事実をもとにしても複数の問題設定が存在し、そして問題解決の方法も、問題設定に対応して複数が存在する。**

ではどの問題設定が正しいかというと、実は正解はない。手段には正誤があるが、目的には正誤がないのだ。だからこそ、会議の過程で問題を共有し、決定する必要がある。

ただし、問題設定に正解は決まっていないものの、注意しなければいけないことはある。それは対症療法と根本治療のトレードオフだ。

①　問題設定を短期的・局所的にすればするほど（対症療法）、本質的な根治からは遠ざかる。

②　問題設定に本質を求めれば求めるほど（根本治療）、解決に時間がかかり、巻き込むべき関係者も増えてくる。

対症療法と根本治療には、それぞれメリットとデメリットがある。どこまで本質的な（つまり抽象的な）問題設定を行うのかが重要な判断である。

販売部数が減りそうなとき、「では印刷部数を減らしましょう」という解決策は、少々場当たり的で、本質的な解決になっていないと感じる人が多いかもしれない。私も、できれば長期的に販売部数が伸びそうな解決策を考えたほうがよいと思うほうだ。

ただし、雑誌の企画や販売戦略を根本的に練り直すならそれなりに時間がかかり、結果が出るのにも何ヶ月かかかる。営業部や編集プロダクションなど、編集部の外の人々にも影響し、彼らとの議論や調整も必要だ。役員会議や社長決裁が必要になるのかもしれない。要するに、話が大きくなりすぎて、「今、この場所」では解決できなくなる可能性があるのだ。

この会議が「制作進行会議」であるならば、そもそもこの会議の目的は、制作スケジュールや予算管理について議論する場なのだろう。そうであるならば、この会議での問題設定は印刷部数や倉庫に限るのが適切なのかもしれない。

すると、考えられる澤田君の模範解答は以下のような返事になる。

「毎年6月号は売れ行きが悪いですね。印刷部数が多すぎるかもしれませんが、倉庫や物流が許容範囲ならこのまま行っていいと思います。しかし、毎年6月が弱いのは企画や販促に問題があると思うので、次回の企画会議の議題に挙げるのはどうでしょうか？」

具体化と抽象化で会議を進行する方法

会議の最重要の役割は「問題解決」であり、問題解決とは、「正しい目的に対し正しい手段を選択する」ことだ。

ではどのようにすれば、生産的に問題を解決できる会議を運用できるのだろうか？

生産的な会議進行は、具体化と抽象化を繰り返す4ステップでまとめることができる。あなたが会議の進行役であっても、そうでなくても必ずこの4ステップを意識して欲しい。

STEP1：《抽象化》議題・目的・ゴールの確認

まず最初に行うのは、会議の目的の確認だ。

議題は何なのか？
この会議は何を目的としているのか？
何がどうなったら会議は成功として終われるのか？

最初のステップは、（仮の）問題設定を行う抽象化のステップである。**会議は、問題設定を参加メンバーで共有するところから始まる。**

具体化と抽象化による4ステップ

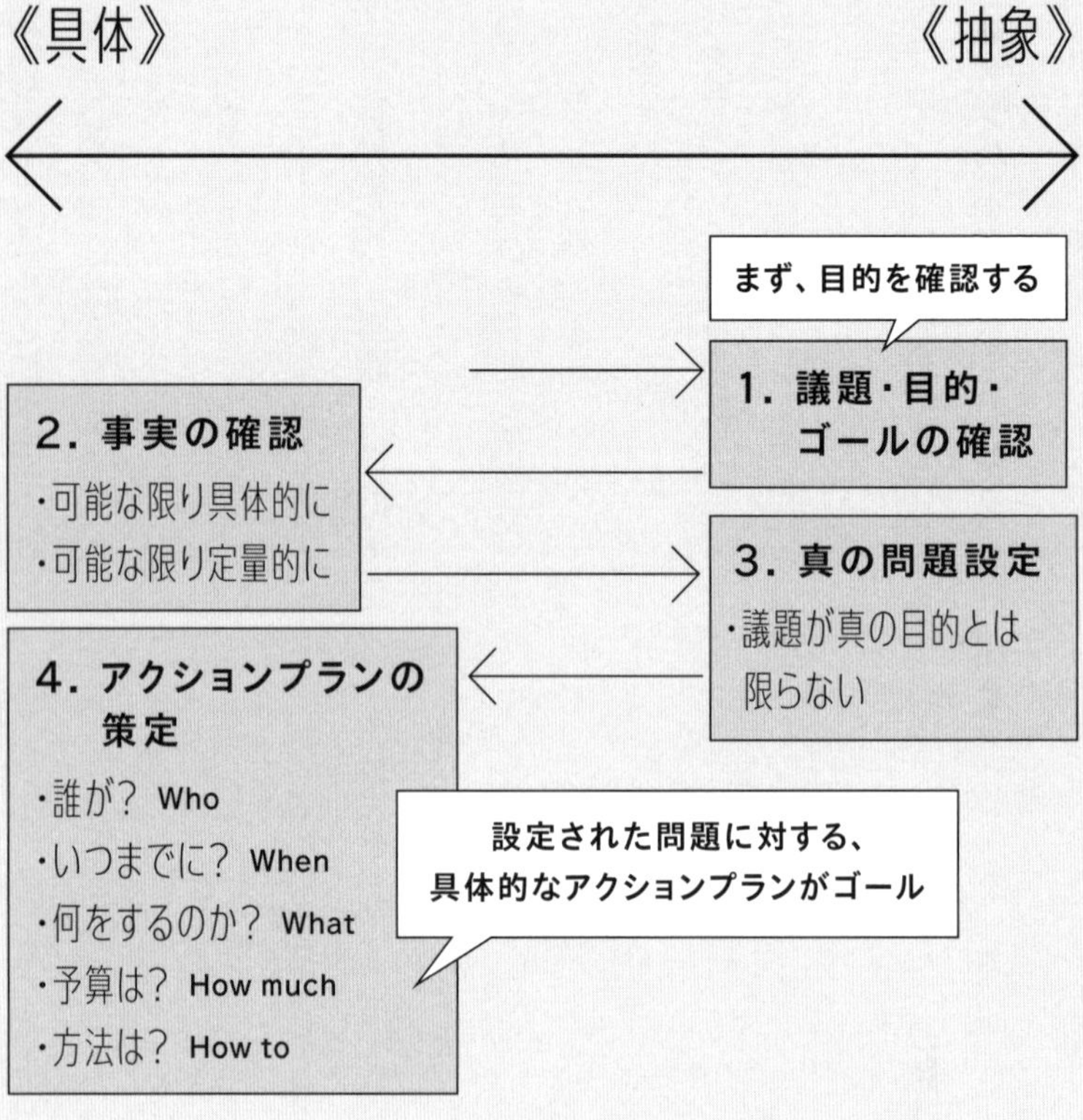

《具体》
《抽象》
まず、目的を確認する
1. 議題・目的・ゴールの確認
2. 事実の確認
・可能な限り具体的に
・可能な限り定量的に
3. 真の問題設定
・議題が真の目的とは限らない
4. アクションプランの策定
・誰が？ Who
・いつまでに？ When
・何をするのか？ What
・予算は？ How much
・方法は？ How to
設定された問題に対する、
具体的なアクションプランがゴール

STEP2：《具体化》事実の確認

第2のステップとして、忘れてはならないのは、問題を設定するに至った事実の確認だ。そして**事実は、具体化すればするほど、定量化（数値化）すればするほど分かりやすくなる。**

「販売部数が減りそうだ」という情報があるならば、その情報の出どころは誰か？（例：営業部雑誌販売課の予測）減りそうというのは、具体的に数字ではどのくらいなのか？（例：前月比10％）など、可能な限り具体的な事実を参加メンバーで共有する。

参加メンバーはそれぞれ、知っている事実や持っている情報が違うはずで、だからこそわざわざ一堂に会して会議をしているのだ。議論の前提となる事実や情報を、可能な限り具体的に確認する。

STEP3：《抽象化》真の問題設定

会議の4ステップのうち、いちばん重要なのがこの第3ステップである。このステップでは、**第2ステップで具体的に確認した事実をもとに第1ステップの議題を見直し、真の問題を設定する。**

実際のところ、アジェンダに書かれた「今日の議題」が本当の問題であることは少ない。アジェンダに「6月号の販売部数の予測について」と書いてあったとしても、真の問題は「収支の悪化」や「6月号の企画内容」であったりする。

多くの場合、当初の議題や目的は表面的すぎる。抽象度が足りないのだ。

そこで、議論を深めて真の問題を探す。「本当の問題は何なのか?」「なぜこのような問題が起こっているのか?」「そもそもの原因は何なのか?」という抽象化するための質問が必要だ。

ただし、抽象化しすぎると時間軸が長くなり、関連する人や組織が増えるために解決が遠くなることがある。適切なレベルまで抽象化を行うことが、真の問題設定のカギである。

STEP4：《具体化》アクションプランの策定

ほとんどの場合、適切に問題が設定されただけで、自然と解決策も見つかる。しかし、その解決策は実行されなければ意味がない。解決策が本当に実行されるよう、具体的な「アクションプラン（行動計画）」を作ることが、会議における問題解決のゴールである。

解決策をアクションプラン（行動計画）に落とすには4W1Hを使って具体化すると、ヌケモレがなくなる。4W1Hとは「When?」「Where?」「Who?」「What?」「How?」の、具体化する4つの質問だ。特にビジネスの会議では、**「誰が？（Who)」「いつまでに？（When)」「何をするのか？（What)」「その際**

の予算は？（How much）」を決めておきたい。

逆に言うと、これらが決められない解決策であるなら、その実現可能性は低い。すべてをこの会議中に決める必要はないのだが、少なくとも「誰が？（Who）」「いつまでに？（When）」は決めないと実行には移れない。たとえば「予算については、私（Who）が試算して来週の会議（When）で再提出します」というようにだ。

以上が会議の4ステップだが、実際にはそれほど単純にはいかず、何回もステップを繰り返すことでようやくゴールにたどり着くことが多いだろう。**具体化と抽象化を何回も繰り返すことで、真の問題設定と問題解決が生まれる。**

第5章

経営理念の実用性

「経営理念」の大間違い

高木「面白い企画出してよ。企画が面白ければね、本は売れるんだよ」
澤田「どういう企画を出せばいいのか、いまいち分からないのですけど……」
高木「いい企画っていうのはね、面白くて、売れる企画のことなんだよ」
澤田（いや、だから、その企画の出し方というか、編集方針を教えて欲しいのだけどな……）

「経営理念」や「企業理念」とは、一般的には「会社の存在意義や志、目指す方向を明文化したもの」と定義される。そして、「なんとなく重要そうだが、抽象的であまり実用的でないもの」と思われている。

確かに、経営理念とは抽象的な存在だ。しかし、「実用的でない」というのは大きな誤解である。

たとえば、先ほどの会話で澤田君が**出版企画を立てられないのは、経営理念が機能していないからだ。逆に言えば、経営理念が適切に機能することで編集者は出版企画を立てられるようになる。**

信じがたいかもしれないが、どういうことかこれから説明していこう。

なお、「経営理念」には「企業理念」「社是・社訓」「ミッション・ビジョン」「ステートメント」など様々な別名がありそれぞれニュアンスは異なるが、本書では「経営理念」で統一していく。また、経営理念が必要なのは企業（会社）だけでない。

そもそも、「経営理念」とは何のために必要なのだろうか？

よく言われる「経営理念を明文化する目的」は次の2点である。

① 経営理念を社内外に発信することで、お客様や協力業者の応援を得やすくする。

② 社員の意識を統一し、モチベーションを上げる。

実は、**これらの目的は2つとも大間違い**だ。

まず、**経営理念は社外に発信するものではない。**

社外に発信するべき理念は「コーポレートメッセージ」や「ブランドメッセージ」と呼ばれ、簡潔で分かりやすいキャッチコピーの形をとる。例として、日本の大手飲料メーカーであるサントリーグループのホームページに掲載されている経営理念を見てみよう。

このページによると、サントリーグループの企業理念は「わたしたちの目的」「わたしたちの価値観」「コーポレートメッセージ」からなる。このうちもっとも

経営理念の例：サントリーグループ

サントリーグループの企業理念

わたしたちの目的

人と自然と響きあい、豊かな生活文化を創造し、
「人間の生命《いのち》の輝き」をめざす。

わたしたちの価値観

・Growing for Good
人として、企業として、社会のために成長し続けること。
成長し続けることで、社会を良くする力を大きくしていくこと。
・やってみなはれ
失敗を恐れることなく、新しい価値の創造をめざし、あきらめずに挑み続けること。
・利益三分主義
事業活動で得たものは、自社への再投資にとどまらず、
お客様へのサービス、社会に還元すること。

コーポレートメッセージ

・水と生きる SUNTORY

出典：サントリーホールディングス株式会社ホームページ
https://www.suntory.co.jp/company/philosophy/

有名なものは「コーポレートメッセージ」である「水と生きるＳＵＮＴＯＲＹ」という言葉だろう。ＣＭやホームページ等で積極的に使われており、知名度が高い。

逆に、「わたしたちの目的」「わたしたちの価値観」は積極的に社外に発信されておらず、たとえサントリー商品の愛用者やサントリーグループの取引先であっても、知っている人は少ないだろう。

社外の発信に重要なのは「わかりやすさ」や「好感度」であって、それらを重視すると、どうしても真の経営理念は見えづらくなってしまう。

たとえば、「わたしたちの価値観」には「やってみなはれ：失敗を恐れることなく、新しい価値の創造をめざし、あきらめずに挑み続けること。」という価値観が挙げられているが、この言葉を一般消費者に対しそのまま投げかけると、微妙な印象を与える可能性がある。

「サントリーは、〝失敗を恐れず〟美味しいのか不味いのか分からない試作品を市場に流すのだろうか？」という具合である。どちらかと言うと、サントリーの顧客には「20年熟成されたウイスキー」のような安定感ある商品が好きな人が多いと思われる。ブランド戦略としては、NGの部類になってしまうだろう。

このように、経営理念には「社員が共有する理念としては重要だが、お客様に訴求する理念としては微妙なもの」も含まれる。

経営理念とは、ホームページに掲載して社外に発信することが目的ではない。ただし、「社外に知られたら恥ずかしいもの」であっても困るので、自社ホームページに掲載すること自体は積極的に行ってよいことだ。良い経営理念を掲げれば、結果的に、応援してくれるお客様や取引先は増えることだろう。しかしそれが目的ではない。

「経営理念を作る目的が社外へのPRでないとすれば、やはり社員全員に浸透させて一体感を高めるのが目的なのですね！」

そんな感想が聞こえてきそうだが、実はこれも違う。

もちろん**理想は、全社員が経営理念に共感して価値観が統一されることな**

のだが、現実として、そんなことはまず起きない。

理念や価値観を誤解なく共有できる範囲は、せいぜい10人前後と言われる。

小学校のクラスを思い出してほしい。仲のいい、気のおけない友達というのは、せいぜい10人ぐらいのグループにしかならない。40人のクラス全員が一丸となって協力し合うようにするのは至難の技である。

一応、有能なリーダーは100人ぐらいの組織に熱い想いを直接伝えることができるとされており、私もその実例を見たことはあるが、それはかなりのレアケースであり、超人的な能力を持つリーダーだけがなせる技だろう。

従業員が何千人何万人もいるような大企業であれば、全員で理念や価値観を共有することは不可能と言ってよい。

それでは、経営理念を作る目的、そして経営理念が機能する仕組みとはいったい何なのだろうか？　その答えは、やはり《具体》と《抽象》にある。

本書で描いた組織図では、いちばん抽象側に「リーダー」がいて、いちばん具体側に「プレイヤー」がいた。そしてその中間には「マネージャー」がいた。もちろん現実の組織はこのように単純でなく、階層はもっと複雑で細分化されている。階層の境界も曖昧で、どちらに属するか不明瞭な役職も多い。

しかし、あらゆる組織に共通することがある。それは**組織内に、「いちばん抽象側の点」「いちばん具体側の点」そして、「その中間」が必ずある**ということだ。経営理念の機能についても、必ずこの3つに注目しなければならない。

「中間システム」が経営理念を支える

あなたがもし現場で働いている「プレイヤー」なら、毎日の仕事の中で「社長」や「経営者」の存在を意識することは少ないだろう。従業員何千人の大企業であれば、「社長になんて会ったこともない」という人もたくさんいる。毎日意識することがあるとすれば、「直属の上司」の存在である。

同様に、「プレイヤー」が「経営理念」を見て仕事をすることは少ない。その存在さえ知らない「プレイヤー」もたくさんいる。では何を見て仕事をしているかというと、その部署の「方針」「マニュアル」「制度」などである。

編集部には「編集方針」や「編集マニュアル」などがあり、編集者は基本的にそれらに従って仕事をしている。あるいは、部署に限らなくても、たとえば「社内人事評価制度」という制度を見ながら「ああ、今季はもう1冊本を仕上げればボーナスがもらえそうだな」などと考えながら仕事をしている。

本書では、組織内に存在する「方針」「マニュアル」「制度」などをまとめて**「中間システム」**と呼ぶ。

「中間システム」に該当するものは、「営業方針」「ブランド戦略」「人事制度・採用方針」「編集方針」「新商品開発マニュアル」など様々なシステムである。

当たり前のことながら、**現場のプレイヤーたちは、良くも悪くも、経営理念を見ながら行動することはない。現場のプレイヤーたちが見ているのは、営業部員であれば「営業方針」、編集部員であれば「編集方針」というような「中間システム」である。**

現場のプレイヤーたちが見ているのは、「ブランド戦略」「人事制度」といった中間システムなのだが、ではその中間システムとは、どのように作って、どのようにに最適化すればよいのだろうか?

実は、この答えこそが「経営理念」である。

たとえば人事評価制度を作ろうとした場合、どのような人物に高評価を与え、給料を上げたり昇進させたりすればいいのかが問題となる。

営業部員は、単純にたくさんの売上を稼いだ人が偉いのだろうか? それとも、お客様アンケートで高評価をとった人が偉いのだろうか? 新規開拓したお客様からの売上と、長年の上得意からの売上は同じ評価でよいのだろうか? 売上を稼ぎさえすれば、詐欺すれすれの営業トークは許されるのだろうか? そうではなくて、内外に対し誠実さを持つ人を評価すべきなのだろうか?……。

営業部の人事評価制度を作るにはこれらの問いに答えなければいけないが、どれだけ探しても、絶対的な正解は見つからない。好調な大企業のマネをしてもうまくいかない。すべての企業は業種・業態・ビジネスモデル・歴史・企業風土などがそれぞれ違うため、最適な中間システムもまたそれぞれ違うのだ。

そして、**中間システムを作るにあたって立ち戻るべき指針が「経営理念」である。**

売上が大切か、信頼が大切か。その判断はケースバイケースだが、経営理念に「私たちは、お客様との信頼関係を大切にします」とあれば、やはり信頼が大切だ。営業方針を作るにしろ、人事評価制度を作るにしろ、お客様との信頼関係をベースに考える必要があることが分かる。

逆に言えば、**経営理念とは、中間システムに具体化しない限り実現されない。**「お客様との信頼関係を大切にします」という経営理念は、「営業方針」「ブランド戦略」「人事評価制度」などに具体化されて初めて実現される。

結局のところ、経営理念が必要な理由は「社員の意識を統一するため」というような抽象的なものではない。**「経営理念なしでは、営業方針もブランド戦略も人事制度も作れない」**という非常に実用的な理由なのだ。

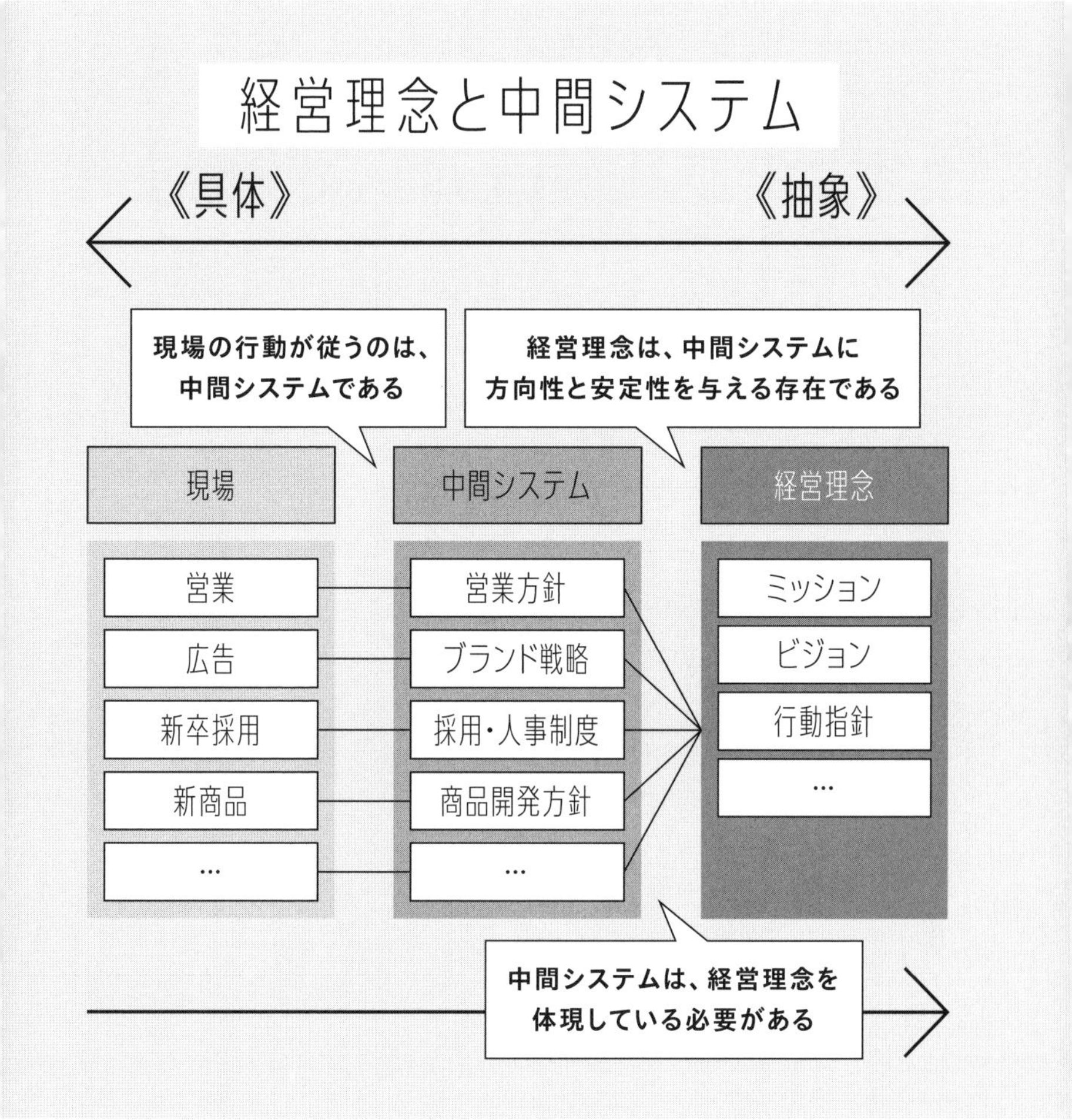
経営理念と中間システム
《具体》
《抽象》
現場の行動が従うのは、
中間システムである
経営理念は、中間システムに
方向性と安定性を与える存在である
現場
中間システム
経営理念
営業
広告
新卒採用
新商品
…
営業方針
ブランド戦略
採用・人事制度
商品開発方針
…
ミッション
ビジョン
行動指針
…
中間システムは、経営理念を
体現している必要がある

経営理念はまた、中間システムに安定性を与える。もしも何かしら中間システムが不明瞭になったとき、あるいは機能していないと感じられたとき、経営理念に立ち戻ることができるからだ。

あなたが出版社の編集者であると仮定しよう。上司からは新刊の企画を立てるように言われている。しかしその指示は、「面白くて売れる企画を立ててよ」ということで、いまいち不明瞭だ。ここでは、どのような企画を考えるべきなのだろうか？

もし小説を出版するならば、一般的に、芸術性の高い純文学よりも、エンターテインメント性の高い大衆小説のほうがたくさん売れるとされている。「面白くて売れる」ことを考えるなら、純文学より大衆小説を選ぶべきだろう。

しかし、ここで立ち戻るべきは経営理念である。

もし経営理念に「当社の設立目的は、大衆に娯楽を与え熱狂させることである」とあるならば、もちろん大衆が熱狂するようなエンターテインメント小説を企画すべきだ。

もし、そうではなくて「当社の設立目的は、芸術性ある文学を世に広めることである」とあったらどうだろうか？　この場合、上司の指示と経営理念を照らし合わせると、たとえば「芸術性ある文学をなんとか面白くして大衆に受けるようにする」というものが企画の軸になる。

もしこの軸に不自然さを感じるなら、もしかして編集方針と経営理念が噛み合っていないのかもしれない。編集方針がおかしいなら、編集方針を修正する必要がある。あるいは、経営理念が時代に合っていないと言うならば、経営理念のほうを修正する必要があるかもしれない。

いずれにしろ、編集方針という**中間システムと経営理念を照らし合わせることで、中間システムは明確になり、洗練されていく**のである。

「経営理念というものは抽象的すぎて役に立たない」と思っている人は多い。確かに経営理念単体では抽象的すぎて役に立たないのだが、具体的な中間システムとの関係に目を向けることで、その実用性が分かってくるだろう。

経営理念を現場に浸透させる方法

「うちはなかなか現場に経営理念が浸透しなくて困っているんですよ……」とこぼす経営者は多い。現場を回ると、誰も経営理念なんて知らないし、経営理念通りに行動していないことが分かるのだろう。だから、毎日の朝礼で経営理念を唱和させたりする。しかし、経営理念を暗唱しても、経営理念が現場に浸透することはない。

たとえば、『あわてんぼうのサンタクロース』という童謡を暗唱できる人はかなりいるだろう。しかしそのうち、あわてんぼうのサンタクロースに共感したり、あわてんぼうのサンタクロースと同じ行動をとろうとする人はどれだけいるだろうか？　たとえこの歌が好きな人でも、わざわざクリスマス前にやってきて煙突から落ちようとする人は稀であろう。

経営理念についても同じである。

経営理念を暗唱することと、経営理念に共感したり経営理念通りに行動するかということは、まったく別の問題である。

実際のところ、経営理念を浸透させるために現場を回る必要はあまりない。**経営者がすべきは、「中間システムは経営理念に合致しているか？」を確認することだけ**である。現場のプレイヤーたちは必ず、中間システムを見て行動している。

もし、経営理念に「我が社は、常に新しいことにチャレンジする」とあるのにもかかわらず社員の先進性が乏しく感じるならば、中間システムを確認してみよう。

人事評価制度は、新しいチャレンジに挑む人を評価するようになっているのだろうか？　採用基準は、チャレンジが好きな人を選ぶようになっているのだろうか？　失敗したら怒られるような商品開発方針になっていないだろうか？

重要なのは一貫性である。

抽象的な経営理念、中間システム、そして具体的な現場が一貫してつながっていることが、理念の暗唱よりも大事なのだ。

経営理念作りに専門用語はいらない

ところで、良い経営理念とはどのように作ればいいのだろうか？

本来的な経営理念の意味からすれば、「リーダー（経営者、経営陣）の思いや志を率直に書く」というのがすべてである。それ以上でもそれ以下でもない。

しかし、**もし経営理念を実効性あるものにしたいと思うなら、注意すべき構造がある。それがまさに、《具体》と《抽象》の構造である。**

「経営理念」に似た言葉はうんざりするほどたくさんあり、常に混乱している。「ミッション」「ビジョン」「パーパス」「バリュー」「ステートメント」「経営方針」「行動指針」「クレド」「コーポレート・アイデンティティ」「社是」「社訓」……。

ネット上には「ミッションとビジョンの違いは何ですか？」という質問が溢れ、経営理念コンサルタントが必死に回答している。

だがはっきり言って、**経営理念を作るにあたって、これらの専門用語を覚える必要はまったくない。**

経営理念が満たすべき要件は次の3つだけである。これらさえ満たされていれば、「ミッション」でも「ビジョン」でも「クレド」でもなんでもいい。

①　組織設立の目的、組織の存在意義が明文化されている。
②　組織のメンバーが理解できる程度に具体化されている。
③　組織のメンバーが行動しやすいように具体化されている。

「経営理念作りを手伝います」というコンサル会社に頼むと、必ず出てくる経営理念の「型」が、ミッション（Mission）・ビジョン（Vision）・バリュー（Value）からなる、いわゆる「ＭＶＶ型」である。この「型」には一定の合理性があるものの、最終的にはまったくこだわる必要はない。ここではいったん、この「ＭＶＶ型」を念頭に話を進めよう。

まず、経営理念に必ず必要なものが、というよりも**組織に必ず必要なものが「組織の設立目的」や「組織の存在意義」**だ。**「なぜこの組織は存在しなければならないのだろうか?」という究極の質問への答えであり、組織のもっとも抽象側の点である。**

これは、「ＭＶＶ型」の「ミッション（Mission）」に相当する。

ミッションとは「神から授かった使命」のことなので、少々キリスト教の影響が強いかもしれない。そのせいか、最近は「パーパス（Purpose：目的）」と呼ばれることも多い。

究極的には、この「ミッション」さえあれば、経営理念は組織の羅針盤となり、組織の方向性が定まる。

ただ、そもそも経営理念を明文化する目的は、リーダーの内にある「思い」や

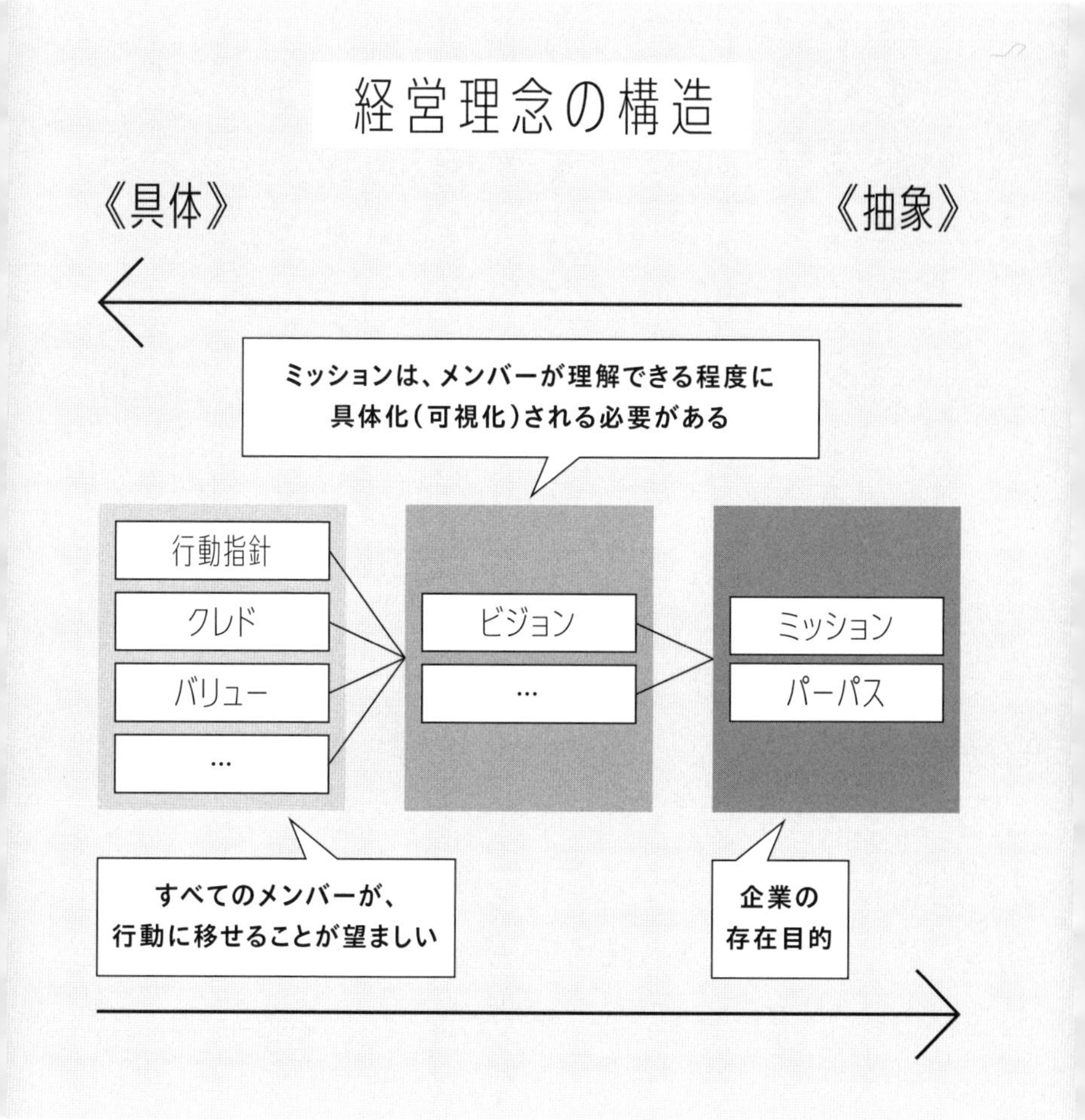
経営理念の構造
《具体》
《抽象》
ミッションは、メンバーが理解できる程度に
具体化（可視化）される必要がある
行動指針
クレド
バリュー
…
ビジョン
…
ミッション
パーパス
すべてのメンバーが、
行動に移せることが望ましい
企業の
存在目的

「志」を組織のメンバーに理解してもらうことである。どんなに素晴らしいミッションがあっても、メンバーに理解してもらわないと組織は動きようがない。

そこで、**ミッションをメンバーに理解してもらうために具体化、可視化を行う**のが次の段階だ。これが「MVV型」の「ビジョン」にあたる。「ビジョン」とは、「ミッション」が実現された「理想の姿」のことである。「組織が目指す理想の社会」と解釈してもいいし「ミッションを実現した、組織の最終形」と解釈してもいい。**ミッションを具体化・可視化することで、メンバーが理解できるようにする**ことが重要だ。

まだ、理念を理解するだけではなかなか行動に移れない。ビジョンを実現するために、何をどうすればよいのだろう？　その答えはなかなか難しい。そこで、メンバーが行動しやすくするために「バリュー」「行動指針」「クレド」などが作られる。**ミッション、ビジョンを実現するために、より具体的な行動に近い指針を明記する**のだ。

このように、「MVV型」の経営理念では、**もっとも抽象的な「組織の目的」から始まり、メンバーが実際に行動できるよう、段階的に具体化されていく**構造をとる。この意味で、合理的な経営理念の「型」の一つだ。

とはいえ、結局のところ、

① 組織の目的、存在意義が明文化され
② メンバーがそれを理解し
③ メンバーが実際に行動に移すことができれば

この「MVV型」にこだわる必要はまったくない。

実際、本当に「MVV型」を採用している企業は少ない。

先掲したサントリーグループの経営理念でも、「わたしたちの目的（ミッションに相当）」「わたしたちの価値観（バリューに相当）」というものはあるが、「ビジョン」に相当するものは見られない。おそらく、「ビジョン」の項目を作ろうとしても、「わたしたちの目的」や「わたしたちの価値観」とかぶってしまったり、冗長で分かりにくくなってしまったのだろう。

「ＭＶＶ型」ではないが、分かりやすい経営理念も紹介しよう。

ビジネス書を多く出版する東洋経済新報社は、「健全なる経済社会を牽引する」ことを企業理念としているそうである。また、創業者である町田忠治氏は、「東洋経済新報」創刊にあたり、次の辞を寄せている。

健全なる経済社会は健全なる個人の発達に待ざるべからず。
政府に対しては監督者、忠告者、苦諫者となり、実業家に対しては親切なる忠告者、着実なる訓戒者、高識にして迂遠ならざる先導者とならん。

断っておくが、私はこの東洋経済新報社とは何の関係もないし、本当にこの理念通りの経営が行われているかどうかも知らない。ただ、非常に分かりやすい例だとは思う。

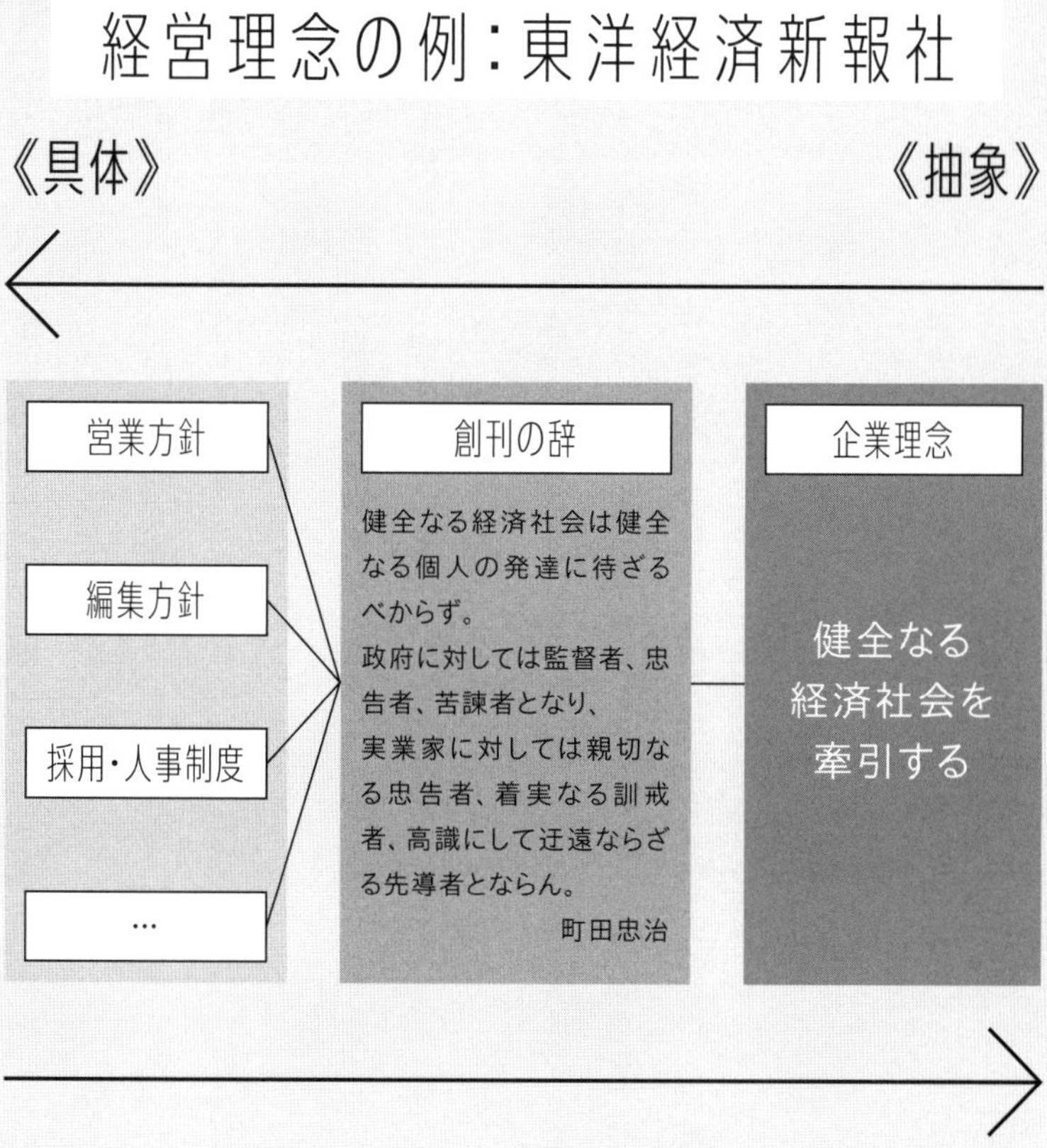
経営理念の例：東洋経済新報社
《具体》
《抽象》
営業方針
編集方針
採用・人事制度
…
創刊の辞
健全なる経済社会は健全なる個人の発達に待ざるべからず。
政府に対しては監督者、忠告者、苦諫者となり、
実業家に対しては親切なる忠告者、着実なる訓戒者、高識にして迂遠ならざる先導者とならん。
町田忠治
企業理念
健全なる経済社会を牽引する

出典：東洋経済新報社　https://corp.toyokeizai.net/who-we-are/history/

会社の設立目的は「健全なる経済社会を牽引する」である。高邁《こうまい》な目的だが、ではどうしたらそれが実現できるのだろうか？

町田忠治氏によれば、「健全な個人が発達」し、「政府に対して監督・忠告」し、「実業家に対し訓戒・先導」すれば、健全な経済社会が発展する。この会社のやるべきことは、かなり明確になってきたと言えるだろう。

もちろん町田忠治氏の意見が正しいとは限らないが、彼の意見を正しいと感じ共鳴する人が集まって、現在の会社を作っているはず、である。

また、理念が段階的に具体化されていることで、中間システムも作りやすくなっている。この会社で作られる出版物はおそらく、政府と実業家を想定読者とする編集方針でできているのだろう。社員を採用するならば、親切な人、着実な人、高識な人を採用しているはずである。

なぜ、他社のマネではうまくいかないのか

売上を増やしたい、革新的な新商品を開発したい、有能な人材を採用したい……。

ビジネスには様々な悩みがあるが、よく取られる解決手段は、「うまくいっている他社の中間システムをマネする」というものである。

売上を増やしたければ、売上が伸びている会社の営業システムをマネすればよい。革新的な新商品を作りたければ、革新的な商品を作り続けている会社の開発方針をマネすればよい。

このやり方は、一見合理的でコストパフォーマンスに優れているように見えるが、たいていの場合うまくいかない。なぜだろうか？

その理由は、**他社のマネをしようとするときに、中間システムだけに目を向**

けて、より抽象的な経営理念を無視しているからである。

例として、ソニーでウォークマンを開発した、大曽根幸三氏が挙げる開発方針を見てみよう。これは、「ソニーの開発18か条」と呼ばれる。

初代ウォークマンの発売は1979年であるが、それまで誰も思いつかなかった「街を歩きながら音楽を聴く」という新しいライフスタイルを生み出し、世界中で大ヒットした。ウォークマンがなければ、その後のApple社のiPod、そしてiPhoneも生まれなかったかもしれず、歴史的に見ても革新的なヒット商品だ。

「ソニーの開発18か条」
第1条：客の欲しがっているものではなく、客のためになるものをつくれ
第2条：客の目線ではなく自分の目線でモノをつくれ
第3条：サイズやコスト目標は可能性で決めるな。必要性、必然性で決めろ
第4条：市場は成熟しているかもしれないが、商品は成熟などしていない

第5条：できない理由はできることの証拠だ。できない理由を解決すればよい

第6条：よいものを安くより、新しいものを早く

第7条：商品の弱点を解決すると新しい市場が生まれ、利点を改良するといまある市場が広がる

第8条：絞った知恵の量だけ、付加価値が得られる

第9条：企画の知恵に勝るコストダウンはない

第10条：後発での失敗は、再起不能と思え

第11条：ものが売れないのは、高いか悪いかのどちらかだ

第12条：新しい種（商品）は、育つ畑に蒔け

第13条：他社の動きを気にし始めるのは、負けの始まりだ

第14条：可能と困難は可能のうち

第15条：無謀はいけないが、多少の無理はさせろ。無理を通せば、発想が変わる

第16条：新しい技術は、必ず次の技術によって置き換わる宿命を持っている。それをまた、自分の手でやってこそ、技術屋冥利に尽きる。

自分がやらなければ、他社がやるだけのこと。商品のコストもまったく同じ
第17条：市場は調査するものではなく、創造するものだ。世界初の商品を出すのに、調査のしようがないし、調査しても当てにならない
第18条：不幸にして、意気地のない上司についたときは、新しいアイデアは上司に黙って、まず、もの（プロトタイプ）をつくれ
出典：片山修『ソニーの法則』（小学館文庫）

あらかじめ断っておくが、たとえ「革新的な商品を開発したい」と思っていても、この「ソニーの開発18か条」は**絶対にマネしてはいけない。**このソニーの開発方針は現在でもしばしば紹介され、好きな人も多いが、ツッコミどころが多々ある。

私は中小企業向けのコンサルティングを行っており、事業計画やマーケティング戦略を作る手助けをしているが、第1条はともかく、第2条はかなり危険だ。顧客目線なしに新商品を作ってしまったら、間違いなく市場にそっぽを向かれる。

売れない商品を開発してもしょうがないのだ。

第18条もなかなか不安である。「上司に隠れて仕事をしろ」と言っているのだから、パフォーマンスはともかく、コンプライアンスや内部統制が無視されてしまう。万が一失敗した場合も、上司は尻拭いしてくれないだろう。

はっきり言えば、**この開発方針は落第**である。だがしかし、ソニーの経営理念を確認すると、また違うものが見えてくるのだ。

井深大氏による東京通信工業株式会社（ソニーグループの前身。以後ソニーと表記）の設立趣意書には、このように記されている。

会社創立の目的

一、真面目なる技術者の技能を、最高度に発揮せしむべき自由闊達にして愉快なる理想工場の建設

一、日本再建、文化向上に対する技術面、生産面よりの活発なる活動

一、戦時中、各方面に非常に進歩したる技術の国民生活内への即時応用

一、諸大学、研究所等の研究成果のうち、最も国民生活に応用価値を有す

る優秀なるものの迅速なる製品、商品化
一、無線通信機類の日常生活への浸透化、並びに家庭電化の促進
一、戦災通信網の復旧作業に対する積極的参加、並びに必要なる技術の提供
一、新時代にふさわしき優秀ラヂオセットの製作・普及、並びにラヂオサービスの徹底化
一、国民科学知識の実際的啓蒙活動

経営方針
一、不当なる儲け主義を廃し、あくまで内容の充実、実質的な活動に重点を置き、いたずらに規模の大を追わず
一、経営規模としては、むしろ小なるを望み、大経営企業の大経営なるがために進み得ざる分野に、技術の進路と経営活動を期する
一、極力製品の選択に努め、技術上の困難はむしろこれを歓迎、量の多少に関せず最も社会的に利用度の高い高級技術製品を対象とす。また、単に電気、機械等の形式的分類は避け、その両者を統合せるがごとき、他

社の追随を絶対許さざる境地に独自なる製品化を行う

一、技術界・業界に多くの知己（ちき）関係と、絶大なる信用を有するわが社の特長を最高度に活用。以（もっ）て大資本に充分匹敵するに足る生産活動、販路の開拓、資材の獲得等を相互扶助的に行う

一、従来の下請工場を独立自主的経営の方向へ指導・育成し、相互扶助の陣営の拡大強化を図る

一、従業員は厳選されたる、かなり少員数をもって構成し、形式的職階制を避け、一切の秩序を実力本位、人格主義の上に置き個人の技能を最大限度に発揮せしむ

一、会社の余剰利益は、適切なる方法をもって全従業員に配分、また生活安定の道も実質的面より充分考慮・援助し、会社の仕事すなわち自己の仕事の観念を徹底せしむ。

出典：東京通信工業株式会社設立趣意書
https://www.sony.com/ja/SonyInfo/CorporateInfo/History/prospectus.html

まず、ソニー設立の第一の目的は、「自由闊達にして愉快なる理想工場の建設」である。井深大氏は、技術者の楽園を作りたかったのだ。

「経営方針」にも注目すべき点がある。

一、経営規模としては、むしろ小なるを望み、大経営企業の大経営なるがために進み得ざる分野に、技術の進路と経営活動を期する

一、従業員は厳選されたる、かなり少員数をもって構成し、形式的職階制を避け、一切の秩序を実力本位、人格主義の上に置き個人の技能を最大限度に発揮せしむ

つまり、

- ソニーは最初から大市場のど真ん中を狙ってはいない。むしろ、ニッチで他社がいない場所で勝負する。

● 従業員は少数精鋭で、全員有能なエリートである。

これらのことが、経営理念の段階で目指されているのである。

経営理念を踏まえると、ソニーの開発方針は合理性を持ってくる。

最初から、市場が存在しないようなところで勝負しようとしているのだから、市場調査をしても意味がないし、お客さんの目線になろうにも、そもそもお客さんがいない状態がスタートだ。技術者が全員有能という前提なので、たとえ失敗したとしても自分で尻拭いができるのだろう。上司の指示を待たずに自由勝手に動いても問題ないのかもしれない。

「ソニーの開発18か条」は、一般論では落第と言えるが、その落第の開発方針がなければウォークマンは開発されず、世界を変えることもなかっただろう。

一般論では落第となる中間システムも、経営理念と一貫性を持つことで大正解となるのだ。

もっとも、現在のソニーはもはやニッチ市場を狙う技術屋ではなく、エンター

ソニーの経営理念と中間システム

《具体》←　→《抽象》

ソニーの開発18か条（抜粋）

第1条：客の欲しがっているものではなく、客のためになるものをつくれ

第2条：客の目線ではなく、自分の目線でモノをつくれ

第17条：市場は調査するものではなく、創造するものだ。世界初の商品を出すのに、調査のしようがないし、調査しても当てにならない

第18条：不幸にして、意気地のない上司についたときは新しいアイデアは上司に黙って、まず、ものをつくれ

経営方針（抜粋）

一、経営規模としては、むしろ小なるを望み、大経営企業の大経営なるがために進み得ざる分野に、技術の進路と経営活動を期する

一、従業員は厳選されたる、かなり少員数をもって構成し、形式的職階制を避け、一切の秩序を実力本位、人格主義の上に置き個人の技能を最大限度に発揮せしむ

会社の創立目的（抜粋）

一、真面目なる技術者の技能を、最高度に発揮せしむべき自由闊達にして愉快なる理想工場の建設

テインメント全般や金融事業をも含む巨大コングロマリットである。井深大氏によるる経営理念も、そのままの形では使われていない。同時に「ソニーの開発18か条」も、ソニー内部ですら使われていない開発方針だと思われる。当然、外部のものがなんとなくマネしても機能しない。

「経営理念」「中間システム」「現場の行動」。これらは、単独で正解不正解があるわけではない。あくまで、

抽象的な経営理念から具体的な現場まで一貫性が保たれていることが重要であり、一貫性のカギとなるのが中間システム

なのだ。

組織のビジョンと個人のビジョン

「仕事でいちばん大切なものは何ですか？」
「成功の秘訣は何ですか？」

いわゆる「仕事で成功している人たち」にこんな質問をすると、「いちばん大切なのは、仕事に対する情熱ですよ」とか「結局いちばん大事なのは、やり抜く力ですよ」というような答えが返ってくる。確かに間違ってはいないと思う。たとえどんな環境にいても、情熱を持って、どれだけ失敗を繰り返しても諦めずに行動し続ければ、必ず成功は訪れる。

ただ問題は、**どうやったらその「情熱」や「やり抜く力」が生まれてくるのか誰も教えてくれない**ということである。

いや、世の中には「やる気が出る方法」というのがいくつかある。「音楽を聴く」「セミナーに行く」「やる気溢れる人たちに会う」「睡眠をとる」などなどだ。確かに私も、気分転換、休息、新しい環境による刺激などは有益だと思うし必要だと思う。しかし、これらの「気分転換」では一時的にリフレッシュして短期的な「やる気」になっても長続きせず、長期的な仕事のエネルギー源となるような「情熱」が生まれるわけではない。というか、短期的に上がったり下がったりしないからこそ「情熱」や「やり抜く力」は大切なのだ。

「情熱」とは、簡単に生まれたり死んだりしない。

ではいったい、仕事上の「情熱」とは何かというと、それは

個人のビジョンと組織のビジョンの一致

のことである。

個人が実現したいと思っている人生の理想像と、組織が目指している理想の世

界が一致することで、寝食を忘れて仕事に打ち込めるようなエネルギーが生まれる。

一般的に、創業経営者はみな情熱的に仕事をしているが、それは自分のビジョンと会社のビジョンが一致しているからである。だから精力的に楽しく仕事ができる。

もし仕事に対し情熱的な人を採用したいなら、経営理念を明記してそのビジョンに共感してくれる人を採用すべきだ。

しかし、ということは、もし仕事がつまらなくて情熱を持って働けないのなら、自分とビジョンが一致する会社に転職するしかないということだろうか?

選択肢としては、大いにあり得る。本当に自分がやりたいこと、本当に成し遂げたいことを仕事にすることで、人生は変わる。自分のビジョンを実現できる組織で働くこと、あるいは自分のビジョンのために起業することで、お金のために働く人生とはまったく違う世界が広がりだす。実際に実行した人は口を揃えて賛同する。

とはいえ、これは全員におすすめする選択肢ではない。

まず、そもそも自分のビジョンを明確にしている人などほとんどいない。また、自分の人生の目的やビジョンは、そんなにしょっちゅう変わるものではないが、永遠に変わらないものでもない。そんなに派手に生きていなくても、人生観が変わるイベントというのは度々訪れる。進学、就職、転職、結婚、子の誕生、親の死……これらのライフイベントで人生のビジョンは何度でも変わり得る。

結局のところ、自分の人生の目的などは、なかなか自分でも分からない。「私の理想の人生はこれです！」と決めつけて、今の仕事を否定したり会社を辞めたりすることは少々危険とも言える。

「情熱を傾けることができる理想の仕事」を求めてジョブホッピングすることはあまりおすすめしないが、それでもやはり「情熱を傾けることができる理想の自分」は探し続けたほうがよいと思う。その理由は、「問題解決」の章（第４章）で説明したように、目的を抽象化することで具体的な手段が増えるからだ。

抽象的なビジョンを明確にすることで、幸せに生きるための具体的な選択

肢がたくさん生まれるのだ。

組織のビジョンとは、鏡である。

組織の方向性にどれだけ共感できるか、今の仕事にどれだけ情熱を傾けているかを考えることで、自分自身では見にくい本当の「自分のビジョン」が見えてくる。

もしあなたの組織が「世界中に喜びと笑顔をふりまく」という経営理念を持っていて、あなたがそれに大きく共感しているならば、あなた自身のビジョンもそれに近いのだろう（逆にあまり共感しないならば、あなた自身のビジョンはもう少し違うところにある）。

そしていったんあなたのビジョンが明確になったのであれば、それを実現する手段はたくさんあることに気づくことができる。仕事が何であれ、目の前の人に笑顔をふりまけばあなたのビジョンは実現されるのだ。

従業員の情熱を引き出す、唯一にして簡単な方法

ルネサンス書房社長の三枝真紀《さえぐさまき》は、創業の頃を思い出していた。

といっても、創業したのは真紀の叔父の史郎で、創業当時の真紀はまだ小学生だった。大手出版社を辞めて独立した史郎が、料理や冠婚葬祭マニュアルなどの実用書の出版をはじめ、海外ビジネス誌の翻訳が当たって会社を大きくした。

そのルーツから、ルネサンス書房は今も実用書やビジネス書を多く作っている。

真紀は、バタバタと忙しくも楽しそうな叔父と仲間たちを見て大学在

学中から仕事を手伝いはじめ、やがて子どものいない叔父の跡を継ぐ形となった。

「使える知恵を世に広める」

額に入ったルネサンス書房の創業理念には、ただシンプルにそう書かれている。

「これだけじゃないのよ。たぶん……」

そう、このシンプルな経営理念は今でも正しいと思っている。どれだけ世の中が変わってインターネットやＡＩが普及しようとも、まだまだ目指すべき目標がここにはあると思っている。

しかし、創業時のあの熱気の源泉は、これだけではない気がしているのだ。額に入れられて残ってはいないが、あの神田の古ぼけたビルに充満していた熱気を生んだ思いは、何だったのだろうか……。

「仕事への情熱」とは、どこかから生まれるものではない。情熱とは、組織のビジョンと個人のビジョンが一致した結果でしかない。

そう書いたばかりなので矛盾するようだが、実は、「従業員の情熱を引き出す方法」は存在する。しかも、経営者なら一瞬でできてしまう魔法のような方法だ。

それは、

経営理念にたった一行、
「全従業員の幸福を実現する」と加える

だけである。

この瞬間、**組織のビジョンと従業員のビジョンは自動的に一致し、従業員は情熱を持って主体的に仕事をする**ことになる。詭弁のように聞こえるかもしれないが、疑うなら実際にやってみるといい。

もちろん、経営理念であるので、経営者自身にその思いがなければ空虚な嘘になってしまう。また、実際には組織やリーダーの考え次第で、もう少し違った表現にはなるだろう。

例として、稲盛和夫氏による京セラグループの経営理念は「全従業員の物心両面の幸福を追求すると同時に、人類、社会の進歩発展に貢献すること」とある。先掲したソニーの会社創立の目的も「真面目なる技術者の技能を、最高度に発揮せしむべき自由闊達にして愉快なる理想工場の建設」である。創立時のソニーは、社内の技術者のための会社であることを公言しているのだ。

経営理念に絶対の正解はないものの、私は、営利企業ならば「顧客満足」と「従業員の幸福」の2点は、経営理念に入っていて然るべきだと考えている。これはそんなに特殊な考えではない。古き良き日本企業は、従業員の生活基盤としての会社を非常に大切にしていた。現在も、従業員の幸福を願う経営者というのは決して少数派ではない。

しかしながら、「従業員の幸福」を明示的に経営理念に組み込む企業は驚くほど少なくなってしまった。外部からの目を気にして経営理念を作ったため、「従業員の幸福」と書くのが恥ずかしくなってしまったのだろう。これによって、**ほとんどの企業は、従業員の忠誠心を高めようと経営理念を作ったのに、逆に従業員の心を離してしまっている。**非常に残念なことだ。

もしあなたが経営者で、「従業員のやる気を引き出したい」「もっと従業員に情熱を持ってもらいたい」と思っているなら、勇気を出して、経営理念にこの一行を加えて欲しい。この一行は、決して従業員を甘やかすものではない。「おれはおまえらのために必死なんだから、おまえらもしっかり頑張れよ」という意思表示である。

おわりに：具体化と抽象化だけで、仕事の10割はうまくいく

「具体化と抽象化だけで、仕事の10割はうまくいきます」

私がもういちどこう言うと、あなたは何を感じるだろうか。

本書では、大きく3つのテーマをとりあげた。

①　組織のコミュニケーション

上司と部下の関係に代表される「組織のコミュニケーション」とは、抽象度のリレーのことである。前の人から適切に受け取り、次の人に適切に受け渡すために、具体化し抽象化しなければならない。

② 問題解決、手段と目的

問題解決とは、正しい目的に対し正しい手段をとることである。問題設定は抽象化力が問われ、問題解決には具体化力が問われる。手段と目的は連続する階層構造になっており、目的を抽象化するほど、数多くの具体的な手段が生まれる。

会議の主目的も問題解決である。参加者で抽象化と具体化を繰り返すことで、本当の問題とその解決策が見えてくる。

③ 経営理念の重要性

ビジネスで「本当に大事なこと」を実行に移すには、抽象から具体まで、つまり「経営理念」―「中間システム」―「現場」の一貫性が重要である。たとえば「顧客第一」という経営理念を現場で実行したいなら、「顧客第一」を中間システムに組み込む必要がある。

仕事への情熱とは、組織のビジョンと個人のビジョンの一致によって生まれる。

仕事に情熱を求めるなら、組織のビジョンを明示しなければならない。

3つのテーマを実行に移すにあたり強調しておきたいのは、ビジネスを進めるものは、あくまで具体「化」と抽象「化」という能動的な活動ということだ。《具体》の世界に留まっていても、《抽象》の世界に留まっていても仕事は先に進まない。

本書では、《具体》と《抽象》という概念の性質を拡張して説明してきたが、《具体》と《抽象》の性質をもう一つ加えよう。それは「現実」と「理想」という言葉だ。

あなたの目の前にあるのは、具体的な現実である。もし現実を変えたいと願うならば、抽象的な理想を描かなければ何も変わらない。一方で、理想の世界とは、理想に留まる限りは空想でしかない。理想を現実とするには、行動に移さなければならないのだ。

「仕事ができる」人とは、つまるところ、現実を変える理想を描き、そしてそれ

具体と抽象(再度拡張)

《具体》		《抽象》
個別	⟷	全体
五感	⟷	概念
実用	⟷	本質
事例	⟷	理論
短期	⟷	長期
一面的	⟷	多面的
行動	⟷	企画
手段	⟷	目的
問題解決	⟷	問題設定
現実	⟷	理想

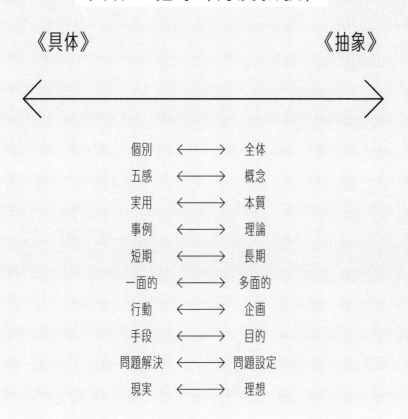

を実現できる人のことだろう。理想を描く力とは抽象化力のことであり、現実に行動する力とは具体化力のことである。

もしもあなたの目の前に「変えたい現実」があるならば、ぜひ抽象化力を使って理想の世界を描いてほしい。もし「理想の世界」がまだ実現していないなら、ぜひ具体化力を使って行動に移してほしい。「具体化と抽象化だけで10割」になるのは、ビジネスだけではない。あなたの人生も、この社会も、具体化と抽象化を繰り返して理想の世界に近づいていくのである。

2023年8月31日

谷川祐基

読者プレゼント：特別レポート

具体化と抽象化で解決する「新商品開発」

本書を最後までお読みいただきありがとうございます。《具体》と《抽象》はビジネスの一部でなく、ビジネスの全部をカバーすることを実感していただけたでしょうか。

実は、本書に載せきれなかった《具体》と《抽象》がまだたくさんあります。その中から、「新商品開発」「新サービス開発」に役立つ特別レポートをプレゼントします。

特別レポート：具体化と抽象化で解決する「新商品開発」

・ビジネスアイデアとは、センスや思いつきから出るものではない！？

・マーケットイン vs プロダクトアウト　結局どちらが正しいの？

読者プレゼントを受け取るには、以下の特設サイトから
メールアドレスをご登録ください。Eメールでお届けします。

『仕事ができる――具体と抽象が、ビジネスを10割解決する。』特設サイト
https://ksk-japan.net/shigoto/

株式会社日本教育政策研究所
代表取締役　谷川祐基

谷川祐基

たにかわ ゆうき

株式会社日本教育政策研究所 代表取締役。

1980年生まれ。愛知県立旭丘高校卒。
東京大学農学部緑地環境学専修卒。
小学校から独自の学習メソッドを構築し、塾には一切通わずに
高校3年生の秋から受験勉強を始め、東京大学理科I類に現役で合格する。
大学卒業後、5年間のサラリーマン生活を経て起業。
「自由な人生と十分な成果」を両立するための手助けをするべく
企業コンサルティング、学習塾のカリキュラム開発を行い、
分かりやすさと成果の大きさから圧倒的な支持を受ける。
マリンスポーツ・インストラクターとしても活躍中。

著書に『見えないときに、見る力。──視点が変わる打開の思考法』
『賢さをつくる──頭はよくなる。よくなりたければ。』
『賢者の勉強技術──短時間で成果を上げる「楽しく学ぶ子」の育て方』
(以上CCCメディアハウス)がある。

日本教育政策研究所　http://ksk-japan.net/

仕《し》事《ごと》ができる

具《ぐ》体《たい》と抽《ちゅう》象《しょう》が、ビジネスを10割《わり》解《かい》決《けつ》する。

2023年10月5日　初版発行

著　　者　谷川祐基

発 行 者　菅沼博道

発 行 所　株式会社CCCメディアハウス

〒141-8205 東京都品川区上大崎3丁目1番1号

電話 販売 049-293-9553　編集 03-5436-5735

http://books.cccmh.co.jp

デザイン　杉山健太郎

図版制作　八田さつき

D T P　有限会社マーリンクレイン

校　　正　株式会社文字工房燦光

印刷・製本　図書印刷株式会社

ISBN978-4-484-22236-3